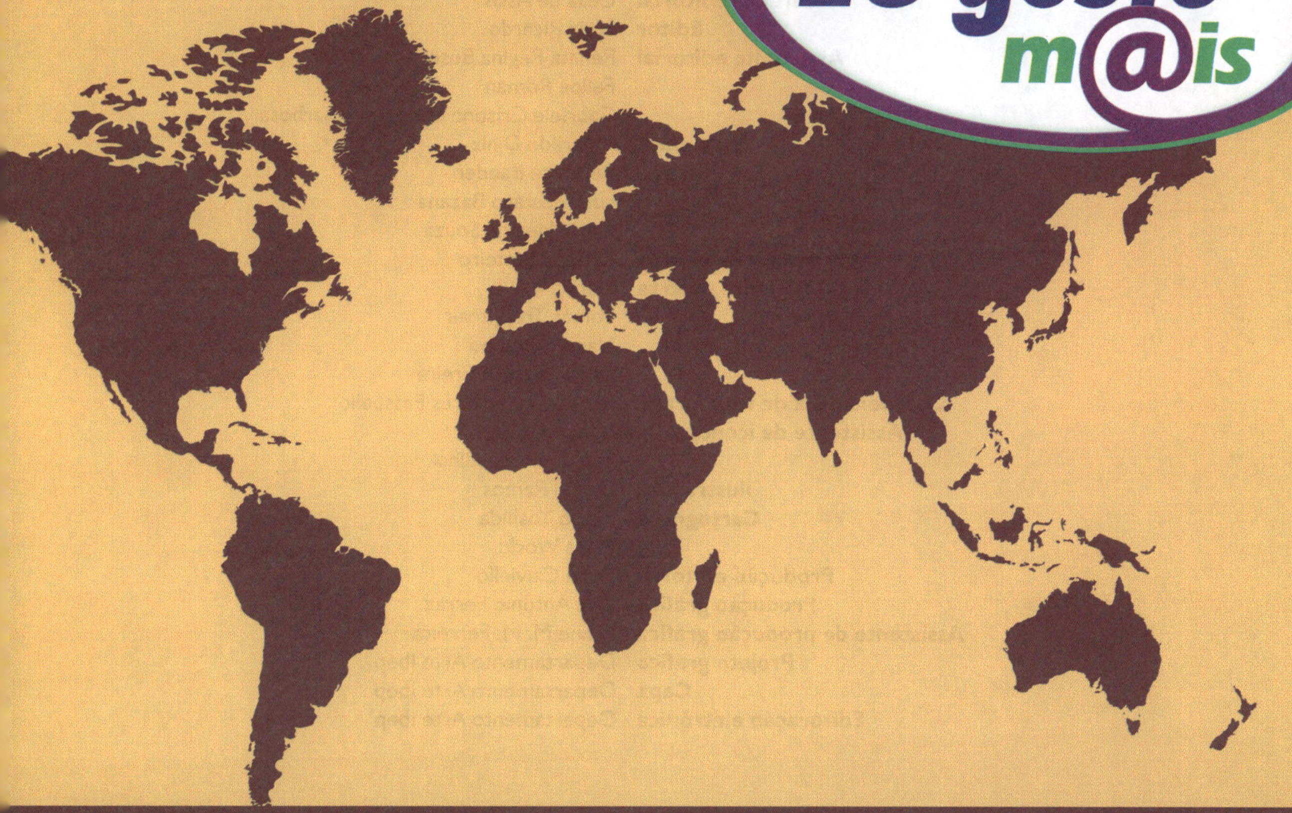

ENSINO FUNDAMENTAL GEOGRAFIA 7º ano

1ª EDIÇÃO
SÃO PAULO
2012

Coleção Eu Gosto Mais
Geografia – 7º ano
© IBEP, 2012

Diretor superintendente	Jorge Yunes
Gerente editorial	Célia de Assis
Editor	Silvia Ricardo
Assistente editorial	Renata Regina Buset
	Felipe Roman
	Gabriele Cristine dos Santos Barbosa
Texto-base	Amarildo Diniz
Revisão	Berenice Baeder
	Luiz Gustavo Bazana
	Maria Inez de Souza
Coordenadora de arte	Karina Monteiro
Assistente de arte	Marilia Vilela
	Tomás Troppmair
	Nane Carvalho
	Carla Almeida Freire
Coordenadora de iconografia	Maria do Céu Pires Passuello
Assistente de iconografia	Adriana Neves
	Wilson de Castilho
Ilustrações	Daniel Ramos
Cartografia	Mario Yoshida
	Maps World
Produção editorial	Paula Calviello
Produção gráfica	José Antônio Ferraz
Assistente de produção gráfica	Eliane M. M. Ferreira
Projeto gráfico	Departamento Arte Ibep
Capa	Departamento Arte Ibep
Editoração eletrônica	Departamento Arte Ibep

CIP-BRASIL. CATALOGAÇÃO-NA-FONTE
SINDICATO NACIONAL DOS EDITORES DE LIVROS, RJ

D61g

Diniz, Amarildo
    Geografia, 7º ano / Amarildo Diniz. - 1.ed. - São Paulo : IBEP, 2012.
    il. ; 28 cm   (Eu gosto mais)

    ISBN 978-85-342-3437-5 (aluno) - 978-85-342-3441-2 (mestre)

    1. Geografia - Estudo e ensino (Ensino fundamental). I. Título. II. Série.

12-6436.   CDD: 372.891
                                                  CDU: 373.3.016:9

05.09.12 19.09.12   038843

1ª edição – São Paulo – 2012
Todos os direitos reservados

Av. Alexandre Mackenzie, 619 - Jaguaré
São Paulo - SP - 05322-000 - Brasil - Tel.: (11) 2799-7799
www.editoraibep.com.br   editoras@ibep-nacional.com.br

Impressão Serzegraf - Setembro 2016

Apresentação

Estudar Geografia nos possibilita compreender o espaço em que vivemos e perceber as transformações que ocorrem ao nosso redor.

O conhecimento geográfico é importante para a formação e o desenvolvimento de uma sociedade melhor!

Nesta coleção, você estudará o espaço geográfico, suas características físicas, socioeconômicas e culturais. Vai aprender também as intervenções que a sociedade exerce sobre a natureza e que as nossas atitudes podem influenciar de algum modo o lugar onde vivemos.

Bom estudo!

Sumário

Capítulo 1 – Brasil: posição geográfica, divisão política e regiões 6

Aspectos gerais 7

A posição geográfica do Brasil 7

   Atividades 9

Os fusos horários do Brasil 12

A divisão política do Brasil 12

   O que é região? 14

   Como dividir o Brasil em regiões? 15

A divisão do IBGE 15

A divisão em complexos regionais 16

   Atividades 18

Capítulo 2 – Brasil: economia e espaço geográfico 21

A economia brasileira 22

O setor primário 22

A má distribuição de terras 23

   Atividades 24

O setor secundário 28

A Geografia das indústrias 29

A descentralização industrial 30

De onde vem a energia? 31

   Atividades 32

Setor terciário 35

   Indústria e organização do espaço geográfico 36

   Atividades 38

Capítulo 3 – A Região Sudeste 41

Aspectos gerais 42

Meio ambiente na Região Sudeste 42

Recursos minerais 44

   Atividades 46

Megalópole brasileira 47

São Paulo 48

   Grande São Paulo 49

   Grande Baixada Santista 51

   Grande Campinas 52

   Vale do Paraíba 53

   Interior Paulista 54

   Atividades 55

Rio de Janeiro 57

   Atividades 58

Minas Gerais 61

Espírito Santo 62

   Atividade 63

Capítulo 4 – Região Sul e Centro-Oeste 64

Região Sul 65

   Aspectos gerais 65

   A imigração europeia e japonesa 67

   Agropecuária 68

   Atividades 69

   Paraná 70

   Santa Catarina 72

Rio Grande do Sul 74	**Capítulo 6 – A Região Norte 114**
Atividades 75	Região Norte 115
Região Centro-Oeste 77	Meio ambiente 115
Aspectos gerais................................... 77	Atividades 117
Mato Grosso do Sul 79	A ocupação da Amazônia 119
Atividade 80	Ciclo da borracha: apogeu e decadência 119
Mato Grosso 81	Integrar para "entregar" 120
Goiás 82	Desequilíbrio ecológico: desmatamento e queimadas 122
Distrito Federal 83	Atividade madeireira 125
Atividades 85	Desenvolvimento sustentável na Amazônia 127
Capítulo 5 – A região Nordeste 87	Atividades 127
Aspectos gerais 88	Expansão da fronteira agropecuária 130
Sub-regiões do Nordeste......................... 89	Questão agrária e meio ambiente 131
Zona da Mata 90	Hidrelétricas 131
Atividades 94	Exploração mineral 133
Agreste 97	Atividades 135
Meio Norte 97	Os impactos socioambientais do garimpo .. 137
Sertão semiárido 98	Rodovias 138
Atividades 104	Polo Industrial de Manaus 138
Migrações 106	Projetos geopolíticos 140
Transposição do rio São Francisco 106	Calha Norte 140
Agricultura irrigada 107	Sivam 140
Turismo 108	Atividades 141
Atividades 109	

Capítulo 1
Brasil: posição geográfica, divisão política e regiões

O Brasil é uma nação com um imenso território, com uma grande diversidade de paisagens. Conhecer as regiões brasileiras nos ajuda a entender a complexidade do nosso país que apresenta tantos contrastes naturais como também econômicos e sociais.

Contraste da favela do Morro do Cantagalo com Ipanema ao fundo da cidade do Rio de Janeiro, 2010.

Aspectos gerais

O Brasil é classificado como um país pobre, marcado por profundas desigualdades sociais, pois a distribuição das riquezas não é homogênea. A parcela mais rica da população, 10% do total, fica com cerca de 47,6% das riquezas do país. Já os 60% mais pobres ficam com apenas 18% da riqueza nacional. O Brasil ainda apresenta graves problemas nas áreas da saúde e educação e que precisam ser superados para melhorar a qualidade de vida da população menos favorecida.

Países pobres como o Brasil também mantêm dependência econômica, financeira e tecnológica em relação a países ricos como Estados Unidos, Japão e Alemanha. Porém, nos anos 2000, a economia brasileira cresceu bastante.

Apesar de seus problemas internos, o Brasil é um país estratégico no mundo. É o maior país da América do Sul em área territorial. É o campeão em biodiversidade (número de espécies de plantas, animais e microrganismos) e em água doce. É o 5º maior país em população no planeta, com mais de 193 milhões de habitantes. Também é uma das dez maiores economias, considerando o Produto Interno Bruto (PIB). Trata-se de um país industrializado e com agricultura moderna.

A posição geográfica do Brasil

O território brasileiro situa-se totalmente no hemisfério ocidental do planeta, situando-se à oeste do Meridiano de Greenwich. A maior parte do país, cerca de 93% está distribuída pelo hemisfério sul ou meridional da Terra.

Também é importante salientar que 92% do Brasil localiza-se entre a linha do Equador e os Trópicos de Câncer e de Capricórnio. Desse modo, a maior parte do país está na porção mais quente do planeta, a zona intertropical. Apenas 8% de nosso território localiza-se na zona temperada do sul, abrangendo parte dos estados de Mato Grosso do Sul, Paraná e São Paulo e a totalidade dos estados de Santa Catarina e Rio Grande do Sul.

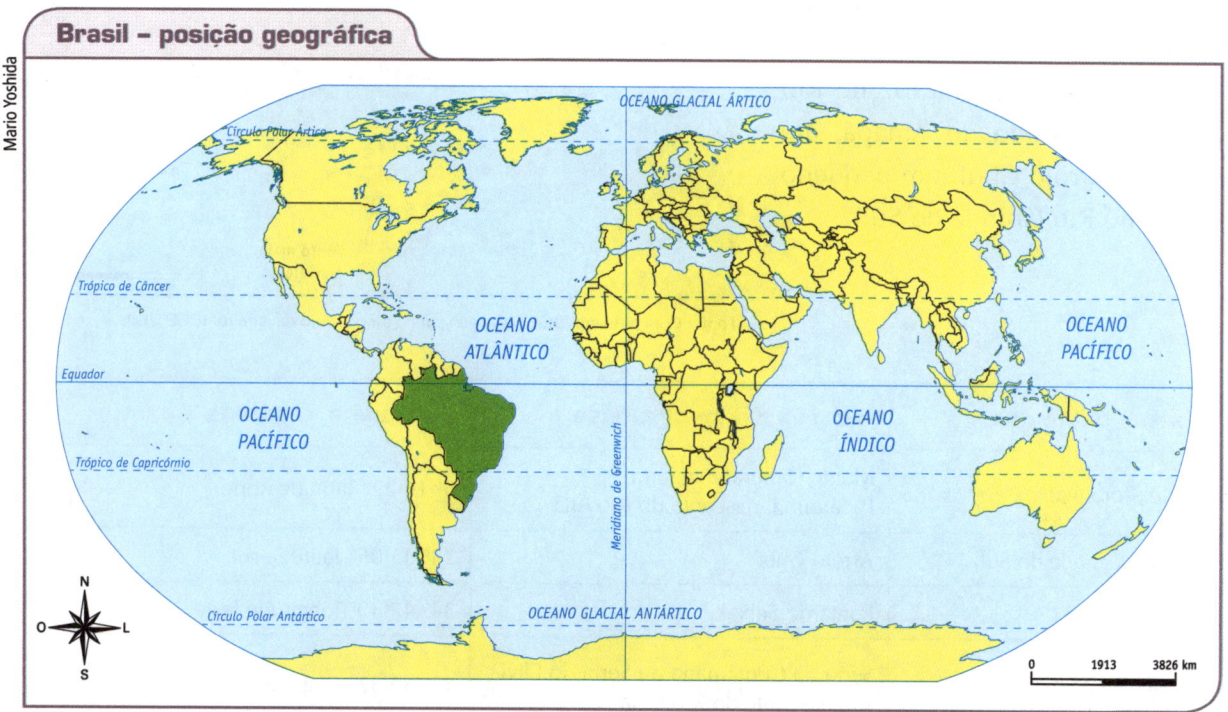

Fonte: Com base em IBGE. *Atlas Geográfico Escolar*. Rio de Janeiro: IBGE, 2009. E CIA – The World Factbook.

7

Do extremo norte do país (nascente do Rio Ailã, em Roraima) até o extremo sul (Arroio Chuí, no Rio Grande do Sul) a distância chega a 4 395 km. Já do extremo leste brasileiro (Ponta do Seixas, na Paraíba) até o extremo oeste (Serra da Contamana, no Acre) a distância é 4 320 km. Observe a seguir as referências geográficas dos pontos extremos do Brasil.

O Brasil ocupa a porção centro-oriental da América do Sul e faz fronteira terrestre com 9 países independentes e 1 território ultramarino francês, a Guiana Francesa. No total, as fronteiras com nossos vizinhos perfazem 15 719 km. O país não apresenta fronteiras com apenas 2 países sul-americanos, Chile e Equador.

A área total do Brasil é 8 547 403 km², sendo o 5º maior país em extensão territorial no mundo, atrás apenas da Federação Russa, Canadá, China e Estados Unidos. O Brasil ocupa quase a metade (47,3%) da área da América do Sul, sendo 1,6% da área total do planeta.

O Brasil também apresenta um extenso litoral. São 7367 km desde o Cabo Orange (na foz do Rio Oiapoque, estado do Amapá) até a foz do Arroio Chuí (um pequeno riacho no Rio Grande do Sul).

Ponta do Seixas na Paraíba, ponto extremo oriental do Brasil, 2006.

Fonte: Com base em IBGE. *Atlas geográfico escolar.* Rio de Janeiro: IBGE, 2009.

Pontos Extremos	Referências geográficas	Latitude e longitude
Norte (Roraima)	Monte Caburaí, na Serra Pacaraima, nascente do Rio Ailã	5º 16'22" latitude norte
Sul (Rio Grande do Sul)	Arroio Chuí	34º 45'05" latitude sul
Leste (Paraíba)	Ponta do Seixas	34º 47'30" longitude leste
Oeste (Acre)	Serra da Contamana ou Serra do Divisor, nascente do Rio Moa	73º 59'32" longitude oeste

ATIVIDADES

1 Analise o gráfico a seguir. A região brasileira que apresenta maior mortalidade infantil é:

a) Sul ( )
b) Norte ( )
c) Centro-Oeste ( )
d) Nordeste ( )
e) Sudeste ( )

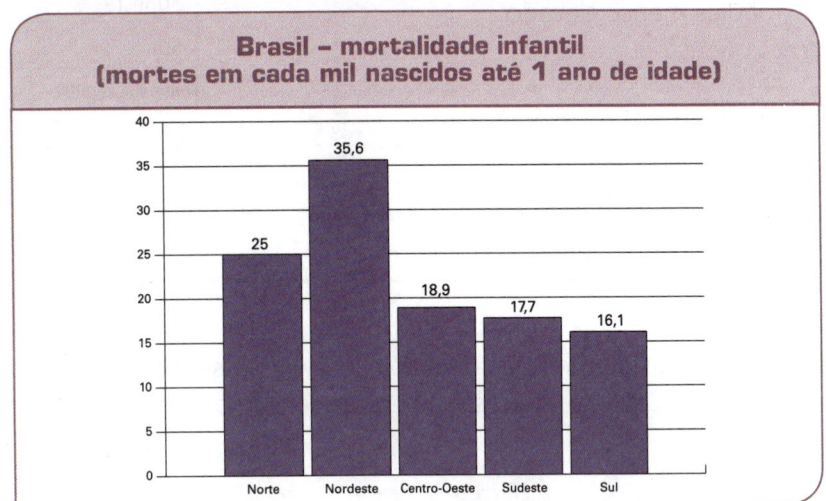

Fonte: IBGE, Censo 2010.

2 A partir da interpretação dos dados da tabela a seguir, é possível afirmar que as regiões brasileiras apresentam desenvolvimento similar em educação? Justifique sua resposta.

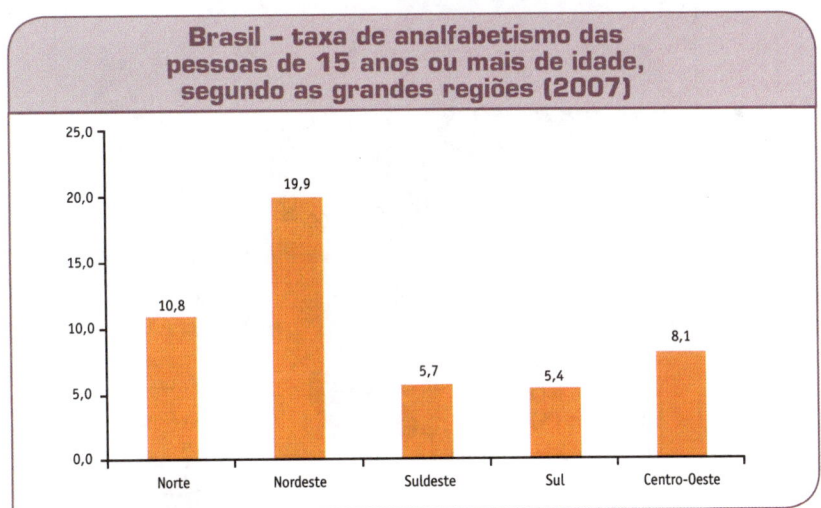

Fonte: IBGE, Diretoria de Pesquisas, Coordenação de Trabalho e Rendimento. Pesquisa Nacional por Amostra de Domicílios, 2007.

3 A expectativa de vida é um indicador do nível de saúde da população. Analise a tabela a seguir e escreva qual região brasileira possui o índice de expectativa de vida mais elevado e a que possui o índice menos elevado.

Brasil – expectativa de vida (em anos)	
Nordeste	70,1
Norte	71,9
Centro-Oeste	74,0
Sudeste	74,3
Sul	75,0

Fonte: IBGE, 2009.

_____
_____
_____

4 A partir da interpretação do mapa abaixo é possível dizer que existe desigualdade entre as regiões brasileiras quanto ao acesso a bens de consumo? Justifique sua resposta.

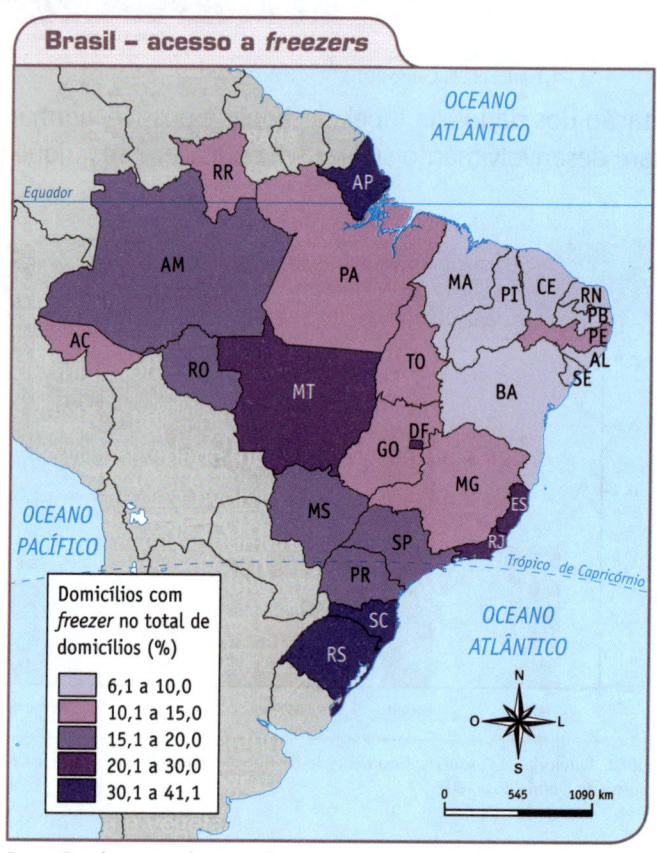

Fonte: Com base em *Atlas geográfico escolar*. Rio de Janeiro, IBGE, 2009.

_____
_____
_____
_____

5 Faça um comentário sobre a desigualdade regional no Brasil a partir da interpretação da charge a seguir.

- Ele te deu isso!? Deve ter custado uma fortuna!
- Dois Maranhões e um Piauí!

_____
_____
_____

6 Mencione duas características de países pobres como o Brasil.

_____
_____

7 Escreva sobre algumas consequências da extensão e da posição geográfica do Brasil no mundo.

_____
_____
_____

8 Com o auxílio de um atlas, escreva o nome dos países da América do Sul que fazem fronteira com o Brasil.

_____
_____

9 Qual é a referência geográfica do ponto extremo oeste do Brasil?

_____
_____

Os fusos horários do Brasil

Desde 2008, o fuso horário brasileiro sofreu modificações. A alteração decorreu de pressões dos meios de comunicação, sobretudo das grandes redes de televisão. O 4º fuso horário foi eliminado. Assim, o estado do Acre e o oeste do Amazonas foram incorporados no fuso de 60º.

Portanto, na atualidade, o Brasil apresenta 3 fusos horários. Esses fusos encontram-se atrasados em relação às áreas que estão a leste, inclusive o Meridiano de Greenwich.

O 1º fuso (30º) engloba o mar territorial e as ilhas oceânicas brasileiras: Fernando de Noronha (PE), Trindade & Martim Vaz e Penedos de São Pedro & São Paulo.

O 2º fuso (45º) é o mais importante do país, uma vez que abrange o Distrito Federal, os estados do Amapá, Pará, Tocantins, Goiás, além de todos os estados das regiões Nordeste, Sudeste e Sul.

O 3º fuso (60º) abrange Rondônia, Mato Grosso, Mato Grosso do Sul, Roraima, Amazonas e Acre.

Fonte: *Atlas Geográfico Escolar*. Rio de Janeiro: IBGE, 2009.

A divisão política do Brasil

Na atualidade, a República Federativa do Brasil é integrada por 26 estados e 1 Distrito Federal. No decorrer da história, a divisão política do país motivou discussões e polêmicas. Os estados contam com autonomia administrativa. Seus governadores e deputados estaduais são escolhidos em eleições diretas pela população.

A última mudança no mapa político do Brasil foi feita na Constituição de 1988. Até 1988, existiam os territórios federais, que eram unidades administradas pelo governo federal, responsável pela seleção do governador e pelo pagamento dos funcionários públicos. A partir da nova Constituição, os territórios federais de Roraima e Amapá foram transformados em estados.

O território federal de Fernando de Noronha passou a ser administrado pelo estado de Pernambuco, a principal alteração foi a criação do estado de Tocantins a partir do norte de Goiás.

Vista de Palmas, capital do estado de Tocantins. Criada em 1990, é uma das cidades que tiveram maior crescimento populacional nos últimos anos. Foto de 2006.

Você sabia?

Curiosidades sobre a divisão política do Brasil

O Brasil, ao longo de mais de 500 anos de história, teve diversas divisões políticas. No período colonial, os portugueses dividiram a colônia em capitanias hereditárias. As capitanias apresentavam o formato de faixas horizontais que iam da costa até a linha do Tratado de Tordesilhas (1494). Você pode observar no mapa que muitas delas deram origem a províncias que, por sua vez, se tornaram alguns dos atuais estados brasileiros.

Durante o período colonial (1500-1822), o território foi expandido em direção oeste, área de domínio espanhol. Já no fim desse período, o território colonial já assumia um contorno similar ao atual, faltando apenas o Acre e parte do Rio Grande do Sul, que ainda não tinham sido incorporados. Após a independência, o Império do Brasil foi dividido em províncias. Com a Proclamação da República, em 1889, as províncias são transformadas em estados.

Ao longo da história do Brasil, surgiram várias propostas polêmicas e inusitadas de divisão política para o país. Em 1933, o doutor Everaldo Backheuser chegou a propor uma divisão usando como critério a equivalência de áreas, em que cada unidade teria um tamanho similar. Segundo, Backeuser, o Brasil teria de ser dividido em 64 estados e territórios. Dessa forma, o mapa do Brasil ficaria muito diferente do que é hoje.

Fonte: Com base em ARRUDA, José Jobson de A. *Atlas histórico básico*. São Paulo: Editora Ática, 2000.

13

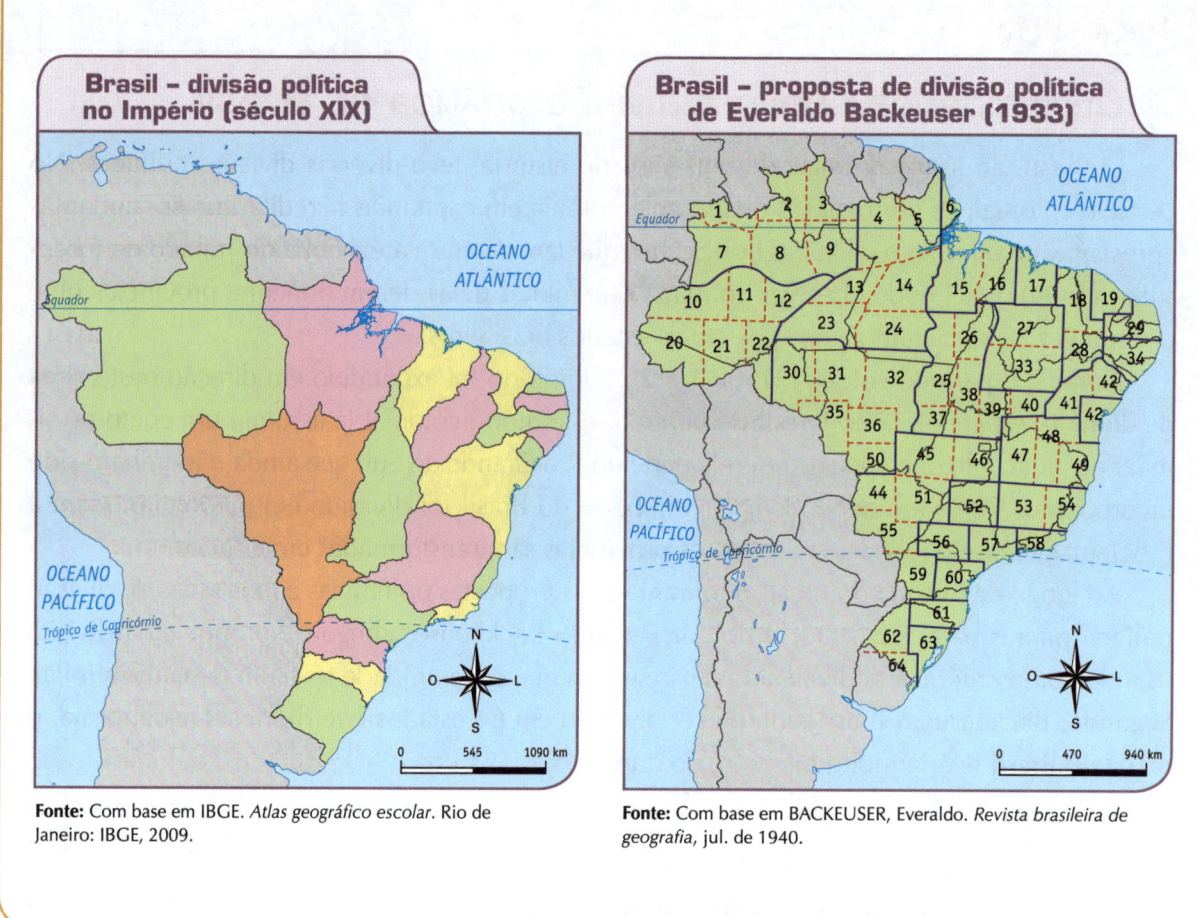

Fonte: Com base em IBGE. *Atlas geográfico escolar*. Rio de Janeiro: IBGE, 2009.

Fonte: Com base em BACKEUSER, Everaldo. *Revista brasileira de geografia*, jul. de 1940.

O que é região?

Como todos os países de grande extensão territorial no mundo, o Brasil é marcado por desigualdades entre suas regiões. Porém, antes de estudarmos as regiões do país, devemos refletir um pouco sobre o significado da palavra região. Pesquisando em um dicionário, podemos encontrar a seguinte explicação: a região é um território que se distingue dos outros por características próprias.

Mas quais seriam essas características próprias? Em princípio, podemos dizer que cada uma das regiões brasileiras teria alguns aspectos naturais (clima, rios, relevo e vegetação) e sociais (agricultura, indústria, cidades) específicos, isto é, que não podem ser encontrados em outros lugares. Essas especificidades tornam as paisagens e modos de viver (comportamentos, trabalho e dificuldades) diferentes.

Mesmo assim, apesar de todas as diferenças, as regiões de nosso país integram um todo que chamamos Brasil. Por exemplo, em diversos lugares do país ocorrem vários modos de falar, os sotaques. O jeito de falar do gaúcho é diferente do jeito paulista, assim como dos jeitos carioca e baiano. Existem também palavras e expressões da língua falada típicas de cada região: "tchê", "óchente", "uai", entre outras. Mas todas essas variações fazem parte de uma mesma língua: o português falado no Brasil. Dessa maneira, esse imenso país possui uma unidade, apesar de toda a sua diversidade.

Como dividir o Brasil em regiões?

O Brasil já teve várias divisões regionais. Na verdade, as mudanças na divisão política e regional ao longo do tempo refletem as mudanças que acontecem na sociedade e na economia do país. Nas primeiras décadas do século 20, também surgiram propostas curiosas de divisão regional, uma delas foi elaborada por Ezequiel Souza Brito, cujo critério era produtos típicos de cada região do Brasil.

Na primeira metade do século 20, o nome do país era "República dos Estados Unidos do Brasil". Em 1945, os estados e territórios eram agrupados nas regiões: Norte, Centro-Oeste, Sul, Leste (meridional e setentrional) e Nordeste (ocidental e oriental). Naquela época, ainda existiam os territórios federais do Rio Branco, Amapá, Guaporé, Acre, Ponta Porã e Iguaçu.

Fonte: Com base em IBGE. *Paisagens do Brasil*. Conselho Nacional de Geografia. Rio de Janeiro, IBGE, 1962.

Fonte: Com base em IBGE. *Atlas geográfico escolar*. Rio de Janeiro, IBGE, 2007.

A divisão do IBGE

A forma mais conhecida de dividir o Brasil em regiões foi proposta pelo IBGE (Instituto Brasileiro de Geografia e Estatística), no ano de 1969. Até os dias de hoje, a divisão do IBGE é a mais utilizada nos meios de comunicação e na divulgação de dados sobre a população e a economia do Brasil.

A divisão regional do IBGE levou em consideração as diferenças naturais e socioeconômicas entre as diferentes partes do território brasileiro. Por exemplo, na região Norte predomina a densa Floresta Amazônica, com clima equatorial quente e muito úmido. A intensa urbanização e a industrialização foram fatores decisivos na delimitação da região Sudeste.

15

Os nomes dados às regiões foram baseados nos pontos cardeais e colaterais, conforme o posicionamento no mapa do país. O IBGE dividiu o país em cinco regiões: Norte, Nordeste, Centro-Oeste, Sudeste e Sul. Observe o mapa ao lado.

A divisão do IBGE baseou-se no conceito de regiões homogêneas, ou seja, cada uma apresentaria aspectos naturais e humanos bastante semelhantes, diferenciando-as das demais regiões. O principal problema da divisão regional do IBGE é que as fronteiras entre as regiões ficam presas aos limites entre os estados. Por exemplo, uma das fronteiras entre as regiões Norte e Centro-Oeste é o limite entre os estados de Mato Grosso e Amazonas. Porém, a Floresta Amazônica, o principal elemento da paisagem no norte do país, também está presente no norte de Mato Grosso. Desse modo, a fronteira correta entre o Norte e o Centro-Oeste deveria cortar o território mato-grossense.

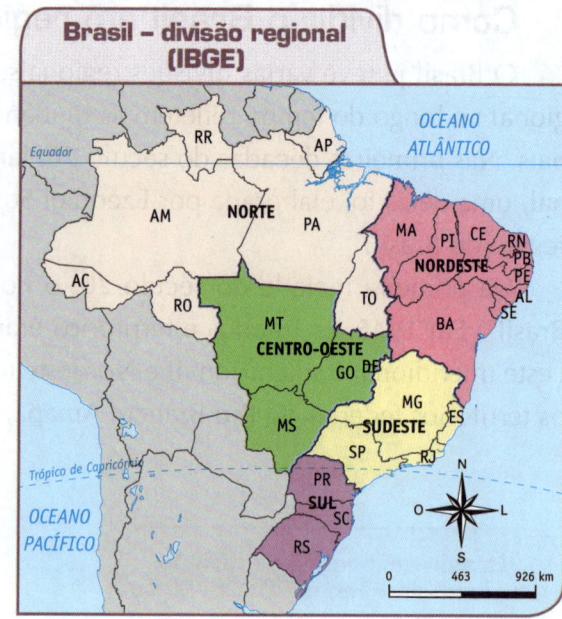

Fonte: Com base em IBGE. *Paisagens do Brasil*. Conselho Nacional de Geografia. Rio de Janeiro: IBGE, 1962.

A divisão em complexos regionais

Na atualidade, a divisão regional mais adequada à realidade brasileira divide o país em três complexos regionais ou geoeconômicos. Essa proposta foi elaborada inicialmente pelo geógrafo Pedro Pinchas Geiger em 1967 e sofreu algumas modificações ao longo do tempo.

Desse modo, o país teria três regiões: Nordeste, Centro-Sul e Amazônia. Essa divisão leva em consideração os seguintes critérios: o processo histórico de ocupação do espaço, o grau de alteração do meio ambiente e as diferenças sociais e econômicas. O Centro-Sul apresenta-se como a região mais economicamente dinâmica do país, articulando duas regiões periféricas, o Nordeste e a Amazônia.

O Nordeste é a região de ocupação mais antiga, apresentando graves problemas sociais e profunda modificação do meio ambiente natural. Compreende 18% do território e 27% dos habitantes do Brasil.

O Centro-Sul foi ocupado de forma mais intensa depois do Nordeste. Hoje, constitui a principal região do país em termos populacionais e econômicos. Mesmo assim, apresenta gravíssimos problemas ambientais e sociais. Detém 32% do território e concentra 65% da população brasileira.

Na Amazônia, o processo de ocupação do espaço intensificou-se apenas nas últimas décadas. Apesar do predomínio da paisagem natural, a região encontra-se em acelerado processo de modificação devido à devastação da Floresta Amazônica. Perfaz cerca de 50% do território e apenas 8% da sociedade nacional.

Ao lado, observe o mapa dos complexos regionais do Brasil.

Fonte: Com base em IBGE. *Atlas geográfico escolar*. Rio de Janeiro: IBGE, 2009.

Você sabia?

Geógrafo propõe nova divisão territorial do Brasil

Norte, Nordeste, Centro-Oeste, Sudeste e Sul. Por que o Brasil é assim organizado? Estabelecida pelo Instituto Brasileiro de Geografia e Estatística (IBGE), a divisão do Brasil em macrorregiões retrata as diferenças sociais e políticas do território e baliza o levantamento de dados e estatísticas do país. Essas unidades também acabaram se constituindo em importantes agregadores de identidades culturais e organizando a concessão de verbas de diversas políticas públicas.

Por demarcar as desigualdades sociais no território, é importante que essa divisão esteja bastante afinada com a realidade do espaço nacional. Mas não está. Ou o Tocantins deve ser reincorporado à região Centro-Oeste, ou que se reorganizem as fronteiras do Norte e Nordeste do país. Nesse caso, a região Norte agregaria Tocantins, Maranhão, Pará e Amapá, enquanto os demais estados amazônicos constituiriam uma nova região chamada Noroeste.

Essa é a principal conclusão da pesquisa acadêmica de José Donizete Cazzolato, geógrafo do Centro de Estudos da Metrópole (CEM/Cebrap), condensada no estudo *As regiões brasileiras pós-Tocantins: ensaio para um novo arranjo*, apresentado em seminário interno no CEM. "Não faz sentido o Tocantins ficar 'pendurado' na região Norte", afirma o pesquisador.

A atual configuração das cinco macrorregiões considera diversos aspectos geográficos, sociais e políticos e procura retratar os fluxos econômicos entre as unidades federativas. No entanto, a criação do Tocantins e sua inclusão na região Norte, em 1989, rompeu com a lógica do modelo, mostra a pesquisa.

A situação do Tocantins é destoante, pois menos de 20% das fronteiras do estado estão dentro de sua própria região. Além disso, por uma análise de fluxos e redes capaz de determinar o grau de coesão das unidades administrativas dentro da região, observa-se que o estado mantém fortes laços com o Pará e com o Maranhão, além de Goiás. Por outro lado, a região Norte, na prática, se divide em duas grandes porções, polarizadas por Manaus e Belém. E, no Nordeste, o Maranhão desponta com características naturais e culturais diferenciadas dos demais estados da região.

Para reequilibrar as unidades, Donizete propõe a revisão da atual divisão macrorregional. Para o geógrafo, a melhor solução seria a formação da região Noroeste e a reconfiguração das regiões Norte e Nordeste. Ajustada à realidade dos fluxos geográficos, econômicos, políticos e demográficos, a divisão regional é um instrumento privilegiado de planejamento e ação governamental.

Fonte: Com base em IBGE. *Atlas geográfico escolar*. Rio de Janeiro: IBGE, 2009.

ATIVIDADES

1) Com o auxílio do mapa de fusos horários do Brasil, responda: quando for 12 horas na cidade de São Paulo, qual será o horário no arquipélago de Fernando de Noronha (PE)?

_____

2) Um avião sai de Florianópolis (SC) às 13 horas em direção a Manaus (AM). Considerando que a duração do voo é de 5 horas, em que horário o avião vai aterrissar em Manaus?

_____
_____

3) Como é a atual divisão política do Brasil?

_____
_____

4) Quais foram as modificações na divisão política feitas pela Constituição de 1988?

_____
_____

5) Leia o texto a seguir e responda o que se pede.

> **Uma nova proposta de divisão regional**
>
> Ele é um dos mais renomados geógrafos do Brasil. Foi professor da Universidade de São Paulo e de diversas universidades pelo mundo, nos Estados Unidos, na França e na África. Trata-se do professor Milton Santos (falecido em 2001). Ele propôs uma nova divisão regional para o Brasil.
>
> Para o professor Milton, o espaço geográfico atual constitui um "meio técnico, científico e informacional". Ou seja, o nosso território está repleto de redes de telecomunicações, informática e transportes. Essas redes permitem maior rapidez na circulação de informações, mercadorias e pessoas.
>
> Por sua vez, as redes se distribuem de forma desigual pelo território. Desse modo, no Brasil haveria uma região concentrada (Sul e Sudeste), isto é, com maior quantidade de redes. O Nordeste e o Centro-Oeste (incluindo Tocantins) teriam concentrações médias. Já a região Amazônica teria um pequeno número de redes técnicas e científicas.

a) Quem é o autor da nova proposta de divisão regional?

_____

b) Qual foi o critério utilizado nessa nova proposta?

_____
_____

6 Como era a proposta de divisão política de Everaldo Backeuser na década de 1930?

_____
_____
_____

7 É possível dizer que a divisão política do Brasil não mudou desde o período em que o Brasil era colônia portuguesa? Justifique sua resposta.

_____
_____
_____

8 Qual é a característica da proposta de divisão regional de Ezequiel Souza e Brito no início do século 20?

_____
_____

9 Quais são as regiões brasileiras conforme a divisão do IBGE?

_____
_____

10 Quais são os estados, com suas siglas e capitais, pertencentes à região Nordeste?

_____
_____
_____
_____

11 Mencione uma utilidade da divisão do IBGE.

_____
_____

12 Qual é o principal problema da divisão do IBGE?

_____
_____

13 Cite um exemplo de coincidência entre os limites entre os estados e as fronteiras entre as regiões.

___

___

14 Analisando as fronteiras estaduais no mapa do Brasil, aponte o estado que apresenta limites com o maior número de estados.

___

___

15 Preencha o diagrama a seguir.

I. Extremo leste do Brasil.

II. Número de fusos horários brasileiros.

III. Hemisfério em que o Brasil tem a maior parte de suas terras.

IV. Autor da divisão regional em 5 regiões.

V. Autor da divisão regional em 3 complexos regionais.

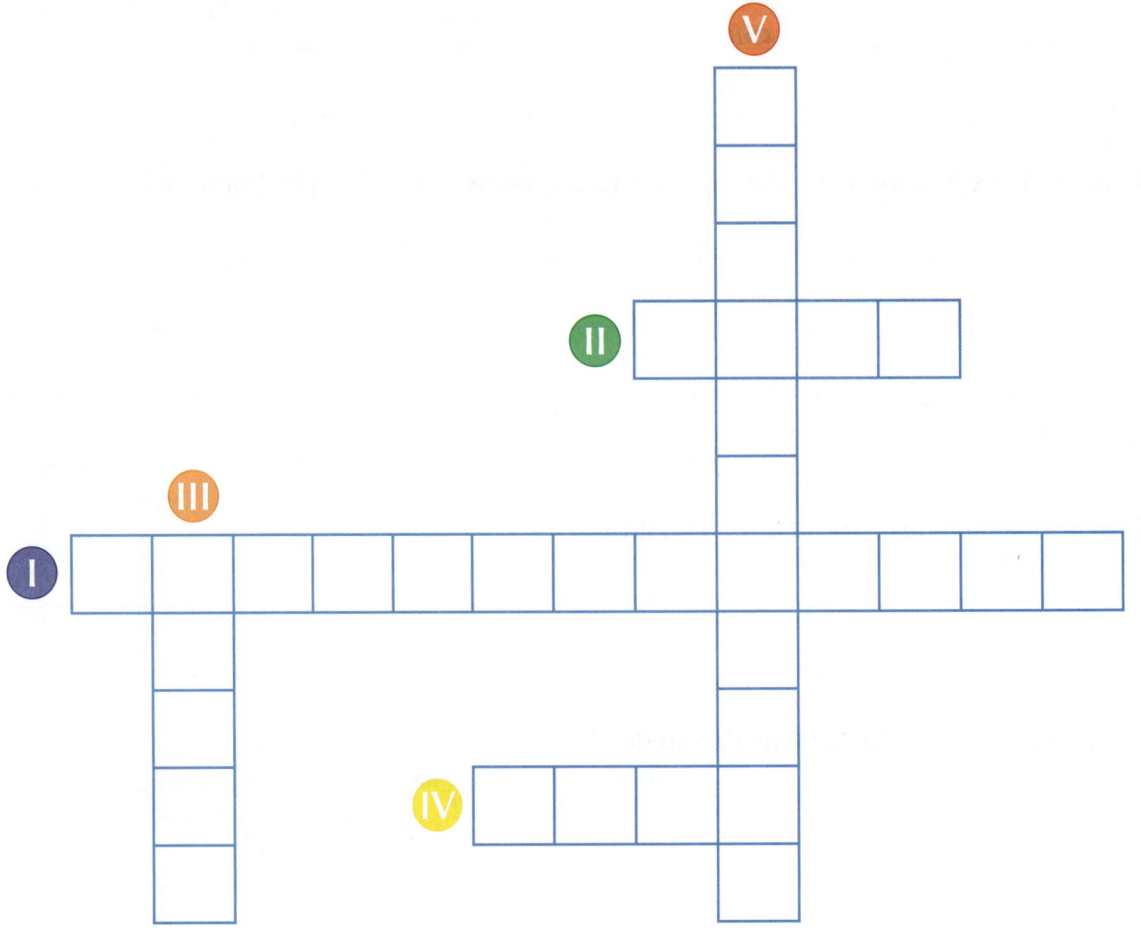

Capítulo 2
BRASIL: ECONOMIA E ESPAÇO GEOGRÁFICO

Nos últimos anos a economia brasileira tem crescido muito, ficando entre as dez maiores do mundo.

O setor agrário cada vez mais está integrado ao setor industrial, por meio das agroindústrias. Para mover nossa economia, as fontes de energia e os meios de transporte são essenciais, integrando lugares e territórios.

As mercadorias que consumimos em nosso dia a dia são produzidas nos mais diversos lugares, em diferentes municípios, estados, regiões e países.

Portanto, os meios de transporte e os portos têm um papel fundamental para fazer funcionar a economia, integrando os lugares e territórios.

Exportação de produtos brasileiros pelo porto de Paranaguá, Paraná.

A economia brasileira

O Brasil apresenta uma economia grande e diversificada. Para se ter ideia do tamanho da economia, utilizamos o PIB (Produto Interno Bruto). O PIB constitui a soma de toda a riqueza produzida em um país durante 1 ano. Entra no cálculo do PIB o que foi produzido nos diversos setores da economia, a exemplo da agricultura, indústria e comércio.

Levando em consideração o tamanho do PIB, podemos afirmar que o país está entre as 10 maiores economias do mundo na atualidade. Entre as demais grandes economias do mundo estão: Estados Unidos, China, Japão, Alemanha, Índia, Reino Unido, França, Itália e Rússia. Apesar de seu tamanho, a economia brasileira apresentou um baixo crescimento nas décadas de 1980 e 1990. O PIB passou a ter um crescimento moderado nos anos 2000 e a perspectiva é de que o país se torne a 5ª maior potência econômica do mundo nos próximos 10 anos.

Camelô vendendo produtos eletrônicos.

Um problema da nossa economia é o crescimento da informalidade. A economia informal manifesta-se pelas numerosas empresas que não pagam impostos ao governo. Também existem milhares de trabalhadores sem carteira de trabalho assinada, ou seja, não possuem direitos básicos como 13º salário e férias remuneradas. Nós podemos observar a informalidade no dia a dia; é só verificar o grande número de pessoas que trabalham como camelôs e vendedores ambulantes nas metrópoles do país.

O setor primário

As atividades econômicas podem ser divididas em três setores: o primário, o secundário e o terciário. O setor primário é integrado pelas atividades produtoras de matérias-primas, compreendendo basicamente a agricultura e a pecuária, ambas realizadas na zona rural. Integram o setor: as áreas de reflorestamento cujas árvores são utilizadas para lenha, fabricação de móveis e indústria produtora de papel. O setor também engloba o extrativismo vegetal e animal, a exemplo da atividade pesqueira.

Hoje, o setor primário emprega 19% da PEA (População Economicamente Ativa) brasileira. Trata-se de um setor essencial, pois emprega uma quantidade expressiva de trabalhadores e produz alimentos consumidos pela sociedade brasileira e também exportados.

Fonte: Com base em IBGE. *Atlas geográfico escolar*. Rio de Janeiro: IBGE, 2009.

A produção do campo fornece matérias-primas básicas para a indústria, a exemplo do cultivo de algodão para a indústria de tecidos; do tomate para a indústria de alimentos; do leite para as fábricas de laticínios. Além do couro para a indústria de calçados.

Na atualidade, o setor primário costuma ser chamado de agronegócio. Trata-se de um setor que obteve intensa modernização nas últimas décadas. Houve aumento da mecanização, a exemplo do uso de tratores e colheitadeiras. Também cresceu o uso de agrotóxicos, fertilizantes e sementes selecionadas. Cada vez mais se utiliza a biotecnologia, isto é, o uso de plantas e animais que tiveram melhorias genéticas que garantem mais produtividade e melhor resistência às pragas.

No comércio internacional, o Brasil tornou-se uma potência do agronegócio. O Brasil é um dos maiores exportadores mundiais de soja, café, suco de laranja, açúcar, etanol, algodão, frutas, carne bovina, carne de frango, carne suína e couro.

A má distribuição de terras

Colheitadeiras de soja em fazenda na área rural da cidade Tangará da Serra, Mato Grosso, 2012.

No território brasileiro, a modernização do agronegócio aconteceu de modo desigual. As áreas modernas ocupam maiores espaços nas regiões Centro-Oeste, Sul e Sudeste. Na Amazônia e no Nordeste, as áreas modernizadas surgem de modo pontual e convivem com vastas áreas onde impera a pobreza rural.

No Brasil, a agricultura é realizada em diversos tipos de propriedades: pequenas, médias e grandes (latifúndios). Apesar da modernização, o Brasil ainda não resolveu muitos de seus graves problemas no campo.

Persiste a má distribuição de terras e a lentidão na reforma agrária, isto é, na distribuição de terras para as famílias que necessitam. Milhares de famílias, sem acesso à tecnologia, ainda dependem de roças rudimentares, que mal produzem para o autossustento. A pobreza e a dificuldade de acesso à terra estimulam o êxodo rural, ou seja, a migração do campo para a cidade.

Os pequenos proprietários estão entre os principais responsáveis pela produção de alimentos básicos – como feijão, mandioca, frutas, legumes e verduras – que abastecem o mercado interno. Muitos deles apresentam dificuldades de acesso a financiamento e à tecnologia, pois os cultivos que abastecem a indústria e às exportações recebem maior estímulo.

Em alguns casos, a modernização do setor primário só beneficia os fazendeiros e pode provocar a piora das condições de vida dos trabalhadores. No texto a seguir, observe como o aumento da produção de cana tem prejudicado os trabalhadores temporários, chamados boias-frias.

ATIVIDADES

1 É possível dizer que a charge a seguir se refere ao tamanho da economia informal no Brasil? Justifique sua resposta.

FILHO, Arnado Angeli. Jornal Folha de S. Paulo, 23/05/2005.

2 Identifique a atividade representada pela foto a seguir. A atividade pertence a qual setor da economia?

Palê Zuppani/Pulsar

3 Observe a obra de arte a seguir, *Os operários*, da pintora Tarsila do Amaral, 1933. Quais são os aspectos econômicos e sociais de São Paulo daquele período que podem ser visualizados na pintura?

_____
_____
_____
_____
_____
_____
_____

4 A partir da interpretação das imagens a seguir, faça um comentário sobre a produção de cana-de-açúcar, sua distribuição geográfica e condições de trabalho.

Cultivo de cana-de-açúcar.

Boias-frias na lavoura de cana-de-açúcar.

Fonte: Com base em IBGE. *Atlas geográfico escolar*. Rio de Janeiro: IBGE, 2009.

_____
_____
_____
_____

25

5 Observe o mapa a seguir e coloque verdadeiro (V) ou falso (F) nas afirmações abaixo.

a) O mapa representa a criação de gado bovino, uma atividade do setor primário. ( )

b) As principais regiões com rebanho bovino estão no norte e nordeste do país. ( )

c) A criação de gado bovino é uma atividade importante para a economia brasileira. ( )

d) Por praticamente não existir criação de rebanho bovino no Amazonas, Roraima e Amapá, podemos dizer que essa atividade pertence ao setor secundário da economia. ( )

Fonte: Com base em FERREIRA, Graça Maria Lemos. *Atlas geográfico espaço mundial.* São Paulo: Moderna, 2010.

6 Por que o setor primário é cada vez mais moderno no Brasil?

_____
_____
_____
_____
_____

7 Cite três funções do setor primário no Brasil.

_____
_____
_____
_____

8 Mencione três problemas rurais que ocorrem no Brasil.

_____
_____
_____
_____

9 Elabore um texto utilizando as fotografias a seguir e os termos: interdependência entre lugares e cadeia produtiva.

A Exploração de petróleo na Bacia de Campos (RJ).
B Navio petroleiro.
C Replan (Refinaria de Paulínia) no interior de São Paulo (SP).
D Oleoduto.
E Posto de abastecimento.
F Rodovia.

_____
_____
_____
_____
_____
_____
_____

O setor secundário

A indústria é o setor secundário da economia, sendo responsável pela transformação de matérias-primas em produtos. Em nosso dia a dia, consumimos uma grande variedade de produtos fabricados pela indústria como alimentos, calçados, roupas, brinquedos, computadores e televisores.

Na atualidade, o Brasil é um país industrializado, ou seja, apresenta um grande número de indústrias de diferentes tipos. Essas indústrias empregam 21% dos trabalhadores brasileiros.

Existem vários tipos de indústrias e podemos classificá-las conforme a finalidade dos bens produzidos. A indústria de bens de produção ou indústria de base produz bens para outras indústrias. Um dos exemplos é a indústria extrativa mineral que extrai recursos minerais da natureza como ferro, manganês, cobre, alumínio e urânio. No Brasil, destaca-se a Vale (Companhia Vale do Rio Doce), uma das maiores mineradoras do mundo.

Na cadeia produtiva, a indústria extrativa mineral vende os minérios de ferro e manganês para a indústria siderúrgica. A siderurgia transforma o ferro e manganês em aço. Por sua vez, o aço é vendido para outras indústrias como as fábricas de automóveis e de eletrodomésticos. No final da cadeia produtiva, os automóveis são vendidos em lojas comerciais especializadas, ramo integrante do setor terciário da economia.

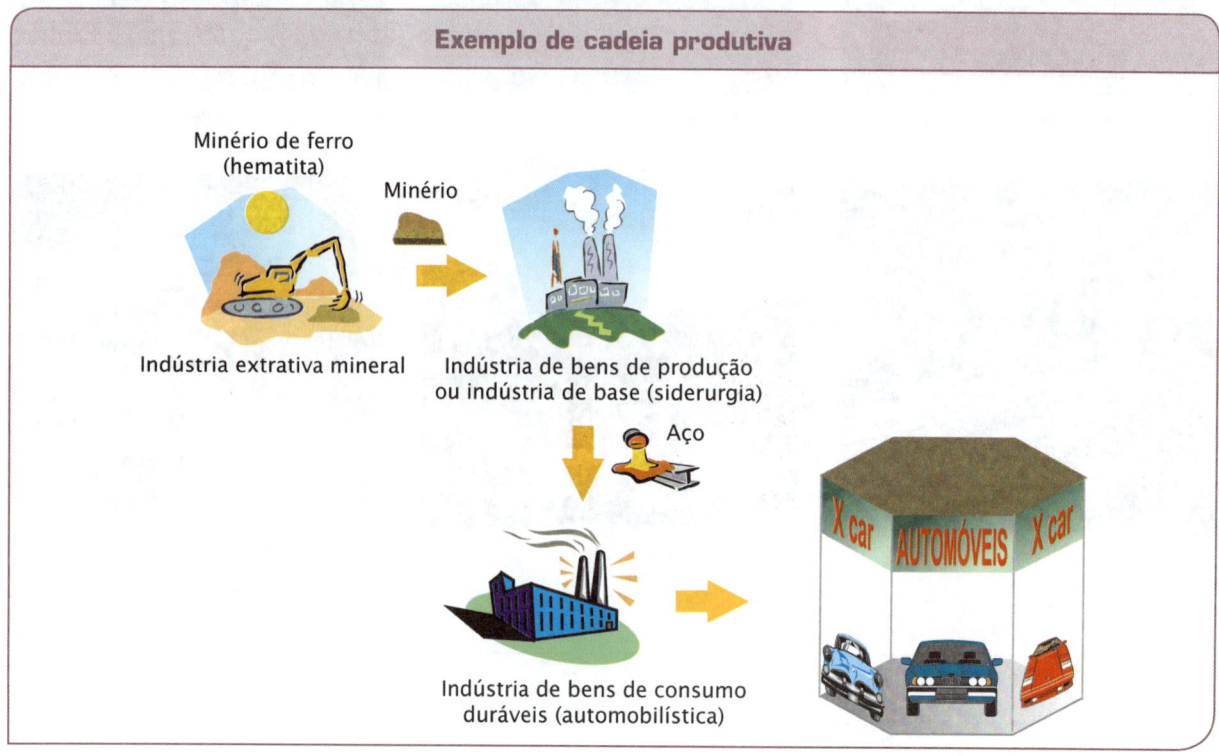

Exemplo de cadeia produtiva

Outra indústria de bens de produção muito importante é a petrolífera e petroquímica. No Brasil, a Petrobras extrai petróleo da crosta terrestre. O petróleo é enviado para indústrias petroquímicas que transformam o petróleo em derivados como plásticos e combustíveis (gasolina, diesel e querosene). No setor terciário, os combustíveis são vendidos em postos distribuídos por todo o país.

A indústria de bens de consumo elabora produtos adquiridos diretamente pelos consumidores. Esse tipo de indústria precisa de matérias-primas ou bens provenientes da indústria de base. Existem duas categorias:

- bens duráveis: produzem bens de consumo não perecíveis, ou seja, cuja utilização não implica em sua extinção, apresentando maior durabilidade. Como exemplo, temos os automóveis, móveis e eletrodomésticos.

- bens não duráveis: fabricam bens que são consumidos rapidamente, a exemplo de medicamentos, produtos alimentícios e produtos de limpeza.

Trabalhador da indústria numa linha de produção em série.

A geografia das indústrias

A maioria das indústrias localiza-se nas cidades. Para implantar uma indústria é necessário um grande volume de capital. Ou seja, dinheiro para a compra do terreno, construção do prédio, aquisição de máquinas e matérias-primas, entre outras despesas.

A escolha do local onde vai ser construída a indústria depende de um conjunto de fatores:

- o acesso às matérias-primas agrícolas ou minerais;

- fontes de energia;

- a rede de transportes e portos;

- trabalhadores capacitados;

- mercado consumidor;

- incentivos fiscais (redução de impostos).

No Brasil, o setor secundário começou a se expandir no final do século 19 e no início do século 20. Na época, as exportações de café propiciaram o acúmulo de capital suficiente para o investimento em fábricas. Naquela época, a cidade de São Paulo concentrou indústrias em bairros como a Mooca e a Barra Funda. A industrialização da cidade de São Paulo aconteceu devido a vários fatores:

- centro financeiro: a cidade tinha bancos para financiar as indústrias;

- infraestrutura: graças à economia exportadora de café, a região contava com ferrovias, geração de energia e o porto de Santos, que foram utilizados pela indústria;

- mão de obra: a cidade recebeu imigrantes estrangeiros, como italianos e japoneses, que logo se tornaram operários nas fábricas;

- mercado consumidor: a cidade concentrava uma população numerosa que se tornou um mercado consumidor para produtos industrializados.

O Brasil se industrializou mediante a substituição de importações. Ou seja, o governo estimulou a instalação de fábricas que elaboravam produtos que antes eram importados dos países ricos.

O governo promoveu medidas para proteger a indústria nacional, aplicando tarifas para produtos vindos do exterior, tornando-os mais caros.

A partir da década de 1930, com o governo Getúlio Vargas, o país investiu em indústrias de bens de produção como as siderúrgicas (aço). A partir dos anos de 1950, aconteceu forte expansão da indústria de bens de consumo. Foi a época da entrada no país de multinacionais como as montadoras de automóveis.

A partir da década de 1990, o Brasil mudou a política econômica, adotando o neoliberalismo. Uma das medidas foi uma maior abertura para a entrada de mercadorias importadas. Assim, a indústria nacional teve de competir com os produtos estrangeiros e melhorar a qualidade de seus produtos. Também é iniciado um processo de privatização, isto é, a venda de parte das empresas do governo para empresas particulares.

No início do século 21, a indústria brasileira abastece o mercado interno e também é expressiva exportadora de produtos alimentícios, tecidos, calçados, aviões de médio porte, aço e automóveis.

A descentralização industrial

Ao longo do século 20, a indústria concentrou-se na região Sudeste, em especial no estado de São Paulo. Hoje, São Paulo responde por 45% do valor da produção industrial brasileira, por 33% do consumo de mercadorias e por 31% do PIB do país. Como se pode observar no mapa ao lado, a maior parte da indústria de produtos químicos está localizada em São Paulo.

Mesmo assim, observa-se uma descentralização. Desde a década de 1970, a participação paulista está se reduzindo pelo crescimento industrial de outros estados. Nas últimas décadas, cresceram os investimentos no interior de São Paulo, a exemplo das regiões de São José dos Campos, Campinas e Sorocaba. Também ocorreu um avanço industrial em estados como Rio Grande do Sul, Paraná, Santa Catarina, Bahia, Ceará e Amazonas.

A partir da década de 1990, a competição por investimentos entre os estados e cidades brasileiros ficou conhecida como "guerra fiscal". As principais vantagens oferecidas por estados e pequenas cidades para atração de indústrias são:

- doação de terrenos para as empresas;
- mão de obra com salários mais baixos;
- infraestrutura (transportes e acesso à energia;
- incentivos fiscais (redução ou eliminação de impostos municipais e estaduais).

Fonte: Com base em IBGE. *Atlas geográfico escolar*. Rio de Janeiro: IBGE, 2009.

De onde vem a energia?

As fontes de energia são fundamentais para o funcionamento da economia. A indústria é o setor que mais consome energia, seguido das residências e do comércio. O governo brasileiro é o principal responsável pela geração e distribuição de energia com a atuação de empresas estatais de grande porte como a Petrobras e a Eletrobras.

No Brasil, a urbanização e a industrialização fizeram aumentar o consumo de energia. Cerca de 90% da energia elétrica é proveniente de usinas hidrelétricas, como a de Itaipu (situada no Rio Paraná). Outros 8,5% são gerados por termelétricas que usam gás natural, petróleo ou carvão. O restante, 1,5%, é gerado pelas usinas nucleares Angra I e Angra II. Quanto aos combustíveis, destacam-se a utilização de derivados de petróleo (gasolina e diesel), gás natural e etanol de cana-de-açúcar.

Cresce a utilização de fontes alternativas de energia no Brasil. Foram instaladas usinas eólicas no litoral do Nordeste e no sul do país para o suprimento de energia elétrica em pequena escala.

O Brasil também passou a produzir biodiesel, um óleo substituto do diesel derivado de petróleo. O biodiesel é elaborado com óleos vegetais como mamona, dendê, babaçu, girassol e soja. Usinas em estados como São Paulo e Rio de Janeiro usam o biogás, gás metano proveniente da decomposição do lixo, na geração de energia elétrica. A vantagem das fontes alternativas é que são renováveis, não geram poluição do ar e ajudam a combater o aquecimento global.

Usina Hidrelétrica de Itaipu construída no Rio Paraná entre o Brasil (Foz do Iguaçu, PR) e o Paraguai. A usina é responsável por 20% da energia elétrica consumida no país.

Você sabia?

O petróleo pré-sal

Em 2007, o Brasil anunciou a descoberta de imensas reservas de petróleo em grandes profundidades em bacias sedimentares recobertas pelo mar. A profundidade varia entre 4 mil e 7 mil metros, e o petróleo encontra-se abaixo de uma espessa camada de sal, daí o nome "pré-sal". Esse petróleo formou-se na Era Mesozoica ("dos dinossauros"), da decomposição de matéria orgânica vegetal e animal (principalmente zooplâncton e fitoplâncton) no período em que a América do Sul estava se separando da África.

A descoberta fez elevar o valor de mercado da Petrobras; aumentou substancialmente as reservas brasileiras e poderá tornar o país um grande exportador de petróleo e produtos petroquímicos no futuro. A exploração do pré-sal em larga escala depende de vários fatores, entre os quais a instabilidade dos preços do petróleo e a disponibilidade de capital nacional e estrangeiro para realizar os investimentos.

O pré-sal distribui-se pelas bacias sedimentares do Espírito Santo, Campos e Santos numa faixa que se estende da altura dos litorais do ES, RJ, SP, PR e SC. Na bacia de Santos, os principais campos anunciados foram: Tupi, Iara, Carioca e Bem-te-vi. A exploração foi iniciada nos campos Baleia Franca (ES) e Tupi (RJ).

Em 2008, iniciou-se um debate no Brasil sobre o que o país "faria com o lucro" advindo da exploração do petróleo pré-sal no futuro. Em 2009, foram enviados quatro projetos do pré-sal para o Congresso, prevendo a criação de uma nova estatal para a gestão, prioridade para a Petrobras na exploração (no mínimo 30% em cada bloco – assim, a participação de empresas particulares é complementar), e a criação de um Fundo Social (recursos destinados a educação, ciência, tecnologia, meio ambiente, combate à pobreza e saúde). A repartição dos *royalties* entre os estados é um assunto polêmico. Os estados produtores, ES, RJ e SP, desejam uma participação maior em contraposição aos estados não produtores.

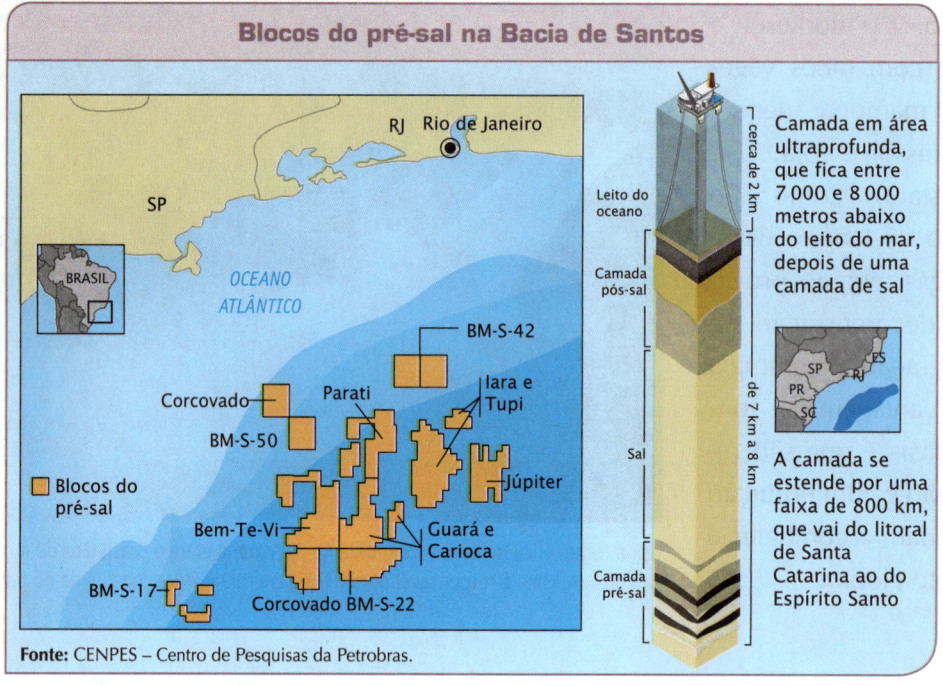

Fonte: CENPES – Centro de Pesquisas da Petrobras.

ATIVIDADES

1 Que atividade corresponde ao setor secundário da economia? Qual é o porcentual de trabalhadores empregados nesse setor?

_____

_____

2 O que é indústria de bens de produção? Dê um exemplo.

3 O que é indústria de bens de consumo duráveis? Cite um exemplo.

4 O que é indústria de bens de consumo não duráveis? Mencione um exemplo.

5 Dê um exemplo de relação entre os setores primário e secundário.

6 Quais fatores favoreceram a concentração de indústrias em São Paulo a partir do final do século XIX?

7 Por que a industrialização cresceu a partir de 1930?

8 No que consistiu a política de substituição de importações?

9 Quais empresas foram incentivadas a partir do governo de Juscelino Kubitschek na década de 1950? Dê um exemplo.

10 O que é privatização?

11 Mencione alguns fatores que determinam a escolha de um lugar para a implantação de uma indústria.

12 Quais são as vantagens oferecidas por alguns estados e pequenos municípios do interior para atrair investimentos industriais?

13 Cite algumas importantes fontes de energia utilizadas no Brasil.

Setor terciário

O setor terciário é integrado por um vasto conjunto de atividades realizadas principalmente nas cidades. As atividades que integram o setor terciário são o comércio, os bancos e a prestação de serviços. O comércio é bastante diversificado, incluindo desde supermercados e *shopping centers* até as pequenas farmácias, padarias e papelarias.

O sistema financeiro, liderado pelos bancos, é um dos mais privilegiados, pois é o ramo que apresenta maior lucratividade no Brasil. A prestação de serviços engloba inúmeras atividades como educação (escolas e faculdades), saúde (hospitais e clínicas), justiça (escritórios de advocacia e tribunais), atividades artísticas (cinema, teatro, dança, música e televisão) e esportes (clubes e academias).

No Brasil, o setor terciário teve grande crescimento nas últimas décadas, visto que 83% da população já mora nas cidades. O setor responde por 60% do total de empregos, ou seja, bem mais que os setores secundário e primário.

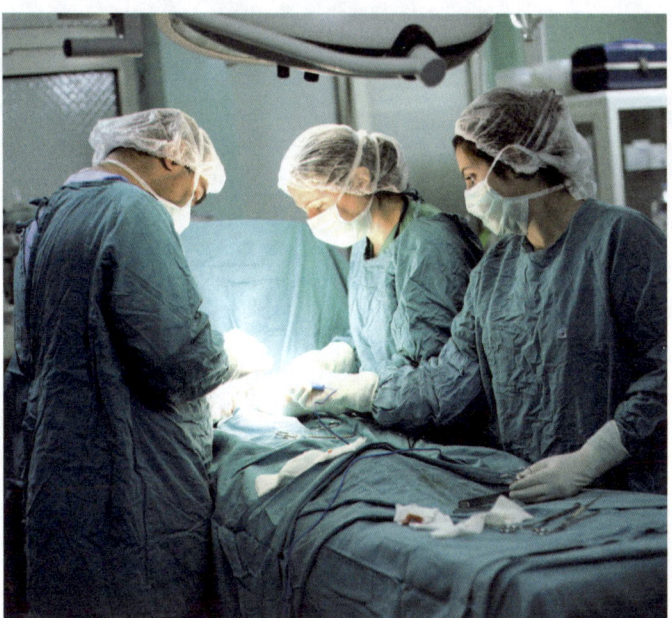

Os hospitais e o trabalho dos profissionais de medicina integram o setor terciário da economia.

Você sabia?

A integração econômica pelos transportes

A utilização das ferrovias no transporte de cargas do Brasil está em crescimento, mas ainda há o predomínio do transporte rodoviário. Na foto, ferrovia no Sudeste do Brasil, Mariana – MG, 2010.

Os meios de transporte de pessoas e mercadorias são essenciais para a economia. No Brasil, 58% das cargas são transportadas por rodovias. O problema é que se trata do transporte mais caro. Isto é, os custos de manutenção e consumo de energia são maiores, apresentando também menor capacidade de carga. Além disso, a maioria das rodovias brasileiras apresenta graves problemas como sinalização precária, buracos e insegurança.

Os meios de transporte mais baratos são as ferrovias e as hidrovias. Apresentam menor custo de manutenção e consumo de energia, com maior capacidade de carga. As ferrovias respondem por 25% das cargas transportadas. O uso das hidrovias, principalmente dos rios, ainda é baixo, apenas 14%. Os portos brasileiros também apresentam problemas como lentidão e alto custo quando comparados a portos de outros países.

35

Indústria e organização do espaço geográfico

Podemos afirmar que até o início do século XX, o território do Brasil era parecido com um "arquipélago econômico". Isto é, era integrado por regiões que pouco se relacionavam do ponto de vista econômico. Na verdade, cada região produzia quase diretamente para o mercado consumidor externo, os países ricos da Europa e os Estados Unidos. São exemplos: a extração de borracha natural na Amazônia, o algodão e a cana-de-açúcar no Nordeste, além da produção de café no Sudeste, especialmente em São Paulo e Minas Gerais.

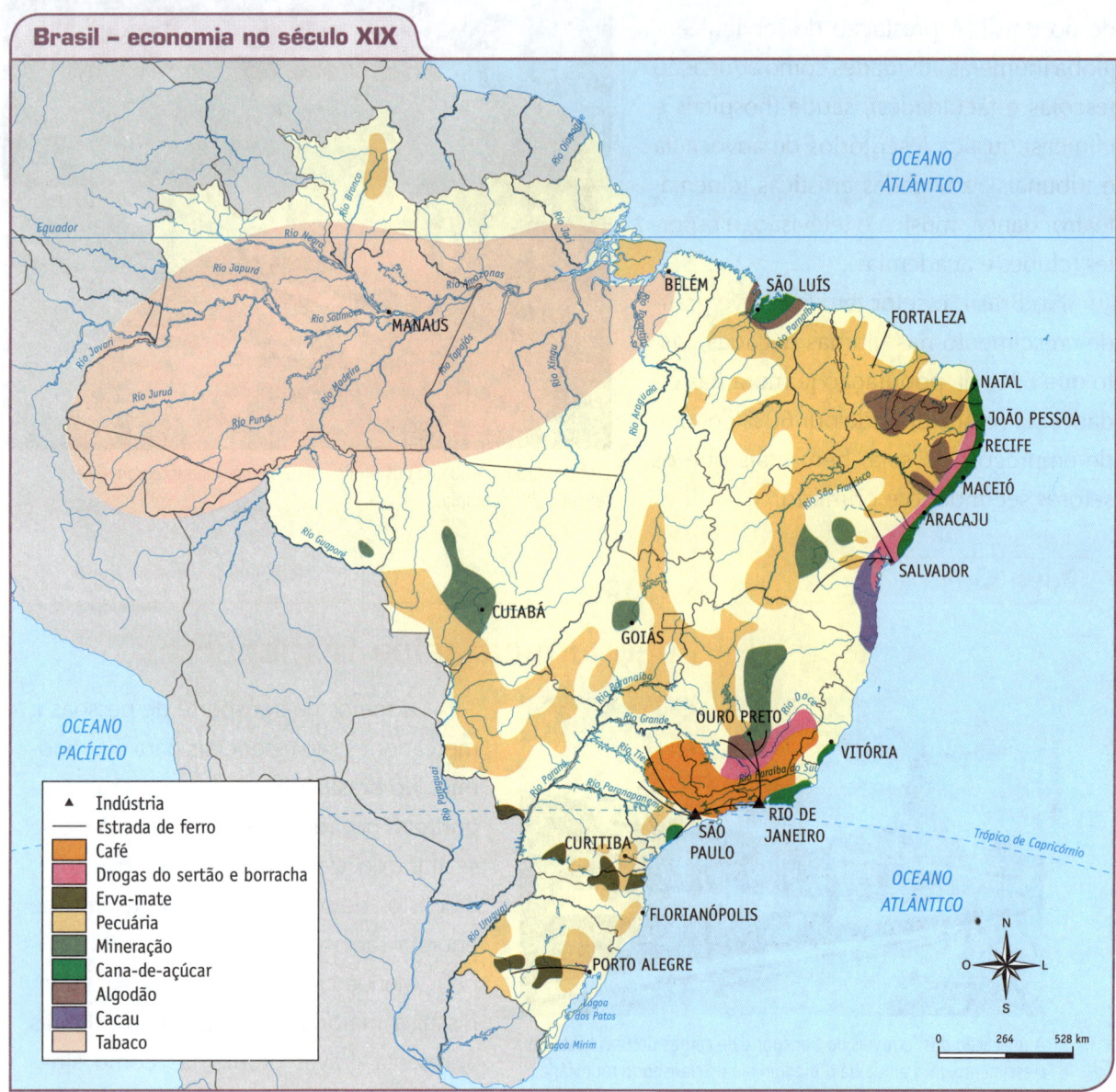

Fonte: Com base em ARRUDA, José Jobson de A. *Atlas histórico básico.* São Paulo: Ática, 2000.

A mudança econômica que rompe com a "economia de arquipélago" foi a industrialização do país a partir da década de 1930. Conforme a indústria avançou na região Sudeste, começou a necessitar de matérias-primas oriundas das demais regiões. Assim, as regiões Sul, Centro-Oeste, Norte e Nordeste passaram a fornecer produtos agrícolas, recursos minerais, energia e trabalhadores para a região mais industrializada.

Por exemplo, hoje o estado de São Paulo é dependente de madeira proveniente da Amazônia, minério de ferro de Minas Gerais, petróleo do Rio de Janeiro, carne bovina de Mato Grosso do Sul, sal do Rio Grande do Norte. Já os produtos industrializados produzidos em São Paulo, como automóveis e computadores, são consumidos em todas as regiões brasileiras. Portanto, hoje a economia do Brasil é bastante integrada e com expressiva interdependência entre suas regiões e lugares.

Brasil – divisão regional e indústria

ENERGIA
- Hidrelétrica
- Termelétrica
- Nuclear

GÊNEROS DE INDÚSTRIAS
- Madeira e mobiliário
- Produtos minerais não metálicos
- Metalúrgica
- Máquinas e equipamentos
- Eletroeletrônica
- Automobilística
- Aeroespacial
- Naval
- Papel e gráfica
- Química
- Produtos farmacêuticos
- Têxtil
- Agroindústria
- Fumo
- Couro e calçados

ALTA TECNOLOGIA
- Centro importante

REGIONALIZAÇÃO GEOECONÔMICA
- AMAZÔNIA Macrorregião geoeconômica

Fonte: Com base em BARRETO, Maurício. *Atlas geográfico escolar*. São Paulo: Escala Educacional, 2008.

ATIVIDADES

1) Analise o mapa e responda.

Universidades e faculdades estão ligadas a que setor da economia?

a) ( ) primário.

b) ( ) secundário.

c) ( ) terciário.

d) ( ) primário e secundário.

Brasil – ensino superior

Participação da UF no total das matrículas do País (%)
- 0,1 a 1,5
- 1,6 a 6,5
- 6,6 a 11,9
- 12,0 a 27,0

Ano de referência
- 1988
- 1992
- 1998
- 2003

Fonte: Com base em IBGE. *Atlas geográfico escolar*. Rio de Janeiro, IBGE, 2009.

2) O setor da economia responsável pela maior parte dos empregos no Brasil é o:

a) ( ) primário.

b) ( ) secundário.

c) ( ) terciário.

d) ( ) nenhuma das anteriores.

3) Cite três atividades que integram o setor terciário da economia.

_____

_____

4) Qual é o meio de transporte mais utilizado no Brasil? Quais são os problemas gerados por essa forma de transporte?

_____

_____

_____

5) De que modo a industrialização organizou o espaço geográfico brasileiro?

_____

_____

_____

6 Por que, no século XIX, o Brasil era considerado um "arquipélago econômico"?

_____

_____

7 Responda os itens conforme a interpretação das fotografias e do mapa a seguir.

A Reflorestamento.

B Fábrica de celulose e papel.

C Gráfica que imprime livros e revistas.

D Biblioteca.

Brasil – papel e celulose

• Município com 1 indústria

Fonte: Com base em FERREIRA, Graça Maria Lemos. *Atlas geográfico espaço mundial.* São Paulo: Moderna, 2010.

39

a) Existem relações entre os lugares representados nas fotos e a interdependência entre as diferentes regiões brasileiras? Justifique sua resposta.

_____
_____
_____
_____
_____

b) Classifique os setores econômicos representados nas fotos em: primário, secundário e terciário.

_____
_____

c) Quais são os tipos de trabalhadores que encontramos nos diferentes setores? Dê exemplos.

_____
_____
_____
_____

d) Mencione três estados brasileiros com grande produção de madeira para a indústria produtora de celulose e papel.

_____
_____

8 Em relação à economia brasileira podemos afirmar que:

a) é pouco desenvolvida. ( )

b) é desenvolvida e chamada de emergente. ( )

c) é a mais rica e desenvolvida do mundo. ( )

d) é desenvolvida só em alguns setores. ( )

A REGIÃO SUDESTE

A Região Sudeste é a mais populosa e industrializada do país. Nela encontramos as duas maiores metrópoles brasileiras que formam a megalópole nacional. Apesar da riqueza gerada nessa região, ainda há grandes disparidades sociais e econômicas.

Favela na encosta do morro no Rio de Janeiro (RJ).

Aspectos gerais

A Região Sudeste é integrada pelos estados de São Paulo, Rio de Janeiro, Minas Gerais e Espírito Santo.

A região é a mais populosa e rica do Brasil.

A população da Região Sudeste é superior a 80 milhões de habitantes, segundo o censo de 2010, o que representa cerca de 40% de todos os brasileiros. O Estado mais populoso é São Paulo, com 41,2 milhões de habitantes, seguido por Minas Gerais, com 19,5 milhões, Rio de Janeiro, com 15,9 e Espírito Santo com 3,5 milhões de habitantes, respectivamente.

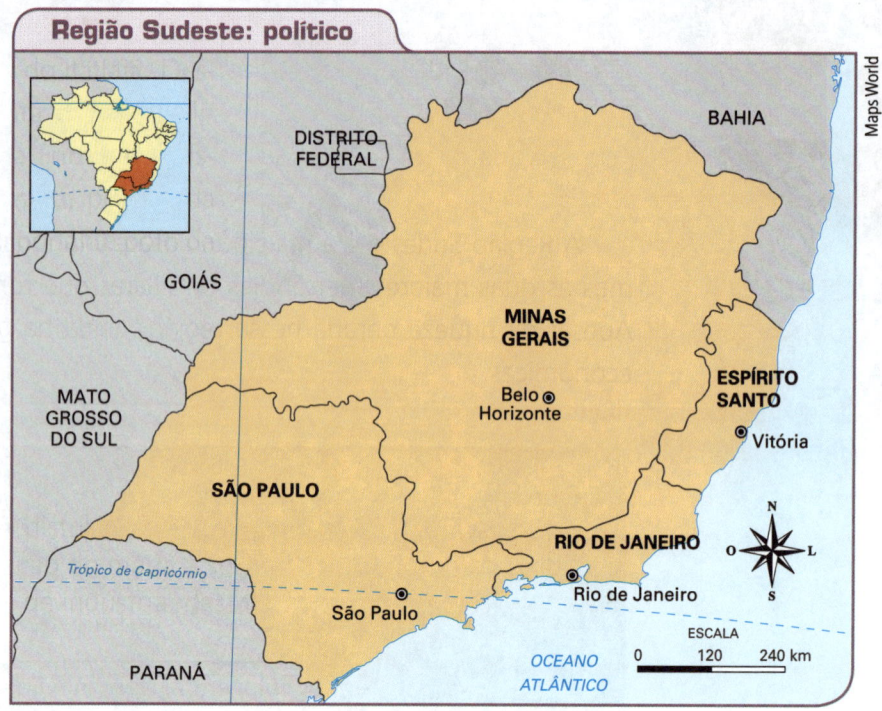

Região Sudeste: político

Fonte: Com base em IBGE. *Atlas Geográfico Escolar*. Rio de Janeiro: IBGE, 2009.

A Região Sudeste tornou-se a região mais rica do país especialmente a partir do século XIX, quando a economia do Nordeste estava em crise. Gradativamente, as exportações de café começaram a adensar poder econômico e político em São Paulo, Minas Gerais e Rio de Janeiro. Logo, a região tornou-se polo de atração migratória para brasileiros de outras regiões, como os nordestinos, e imigrantes vindos de outros países.

Concentra a maior parte da atividade industrial do país e a agropecuária mais diversificada e moderna. O setor terciário é bastante desenvolvido e a região apresenta importantes centros de inovação científica e tecnológica, além do maior número de indústrias, cidades, campos de cultivo, rodovias, portos, hidrelétricas, redes de telefonia e informática e dos principais centros de poder do país.

Meio ambiente na Região Sudeste

A Região Sudeste do país apresenta grande diversidade biológica, apresentando diferentes tipos de clima, vegetação, solo, relevo e hidrografia. No mapa e no perfil a seguir, podemos observar os diferentes tipos de relevo, clima e vegetação desde o litoral de São Paulo até a bacia do Paraná.

Como podemos observar no perfil anterior, o trajeto começa no litoral norte de São Paulo, caracterizado pela Planície Costeira. No contato com o oceano, a vegetação original é de restinga ou manguezais. Depois, existem trechos de Mata Atlântica. No litoral e encostas da Serra do Mar vigora o clima tropical úmido caracterizado pelas altas temperaturas e chuvas orográficas intensas.

Nessa região, a natureza é agredida pela especulação imobiliária impulsionada pelo turismo e expansão das cidades. A construção de casas, de apartamentos, de hotéis, e de estradas destruiu parte da vegetação original.

Após a planície, começa o Planalto Atlântico (ou Planaltos e Serras do Atlântico Leste-Sudeste) cuja borda é a escarpa da Serra do Mar. Grande parte da Serra do Mar é recoberta por Mata Atlântica conservada. Das encostas da serra nascem rios com águas limpas formando belas cachoeiras e que se deslocam em direção à Planície Costeira.

O Planalto Atlântico, que também engloba o Vale do Paraíba e a Serra da Mantiqueira, é dominado pelos mares de morros e serras. Com a maior altitude, o clima passa a ser Tropical de Altitude, isto é, verão quente e chuvoso, mas com inverno marcado por razoável queda de temperatura e seca, como podemos observar no climograma anterior.

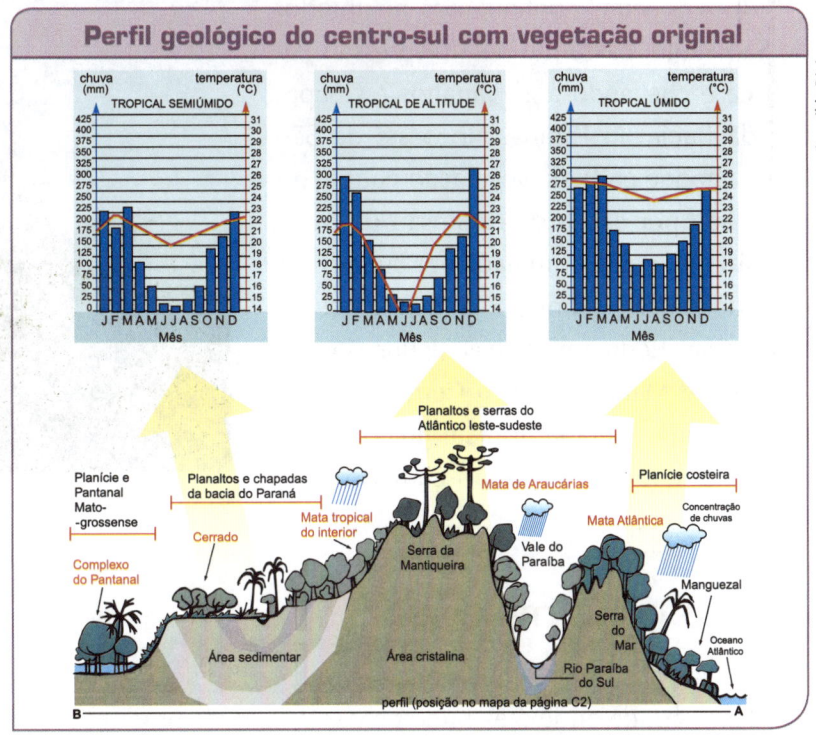

Perfil geológico do centro-sul com vegetação original

Passada a Serra do Mar, ainda em São Paulo, observamos o Vale do Paraíba, região com relevo de menor altitude e cortada pelo rio Paraíba do Sul. A maior parte da vegetação do vale foi destruída. A devastação aconteceu principalmente a partir de meados do século XIX, quando a região foi tomada pelo plantio de café.

Hoje, o Vale do Paraíba é uma área muito povoada com importantes cidades como São José dos Campos (SP) e Volta Redonda (RJ). Devido à grande concentração de automóveis e indústrias. O vale é uma região com expressiva poluição do ar e da água.

Depois do vale, nos defrontamos com montanhas imponentes, a Serra da Mantiqueira cujas encostas são recobertas pela Mata Tropical do interior e áreas de reflorestamento (pinheiros e eucaliptos). No topo da serra, em áreas cuja altitude supera 1600 m, a vegetação original era formada pela Mata de Araucária e Campos de Altitude.

A temperatura mais baixa devido à altitude explica a presença de Araucárias nas porções mais elevadas da Serra da Mantiqueira. Grande parte das matas das áreas montanhosas da Serra da Mantiqueira foi devastada ou alterada. Trata-se de uma região com cidades turísticas como Campos do Jordão (SP) e São Bento do Sapucaí (SP) onde existe um grande número de hotéis, pousadas e chácaras.

Poluição do ar em Volta Redonda (RJ) provocada pela CSN (Companhia Siderúrgica Nacional).

43

Após a serra, continuamos no interior de São Paulo, passando pela Depressão Periférica e chegando aos Planaltos e Chapadas da Bacia do Paraná. No oeste de São Paulo, grande parte da vegetação natural foi devastada por causa da expansão da agropecuária. A área é dominada por cultivos de cana-de-açúcar, laranja, soja, café e pecuária bovina. Restaram apenas alguns poucos trechos de Mata Tropical e Cerrado. Nessa área, domina o clima tropical típico ou semiúmido, quente com verão chuvoso e inverno com seca.

Pedra do Baú (SP), ponto turístico da Serra da Mantiqueira.

Recursos minerais

A Região Sudeste é muito rica em recursos minerais. Em Minas Gerais encontra-se o Quadrilátero Ferrífero, de onde é extraído cerca de 60% da produção de ferro brasileiro, sendo que grande parte é exportada. No litoral do Rio de Janeiro, na Bacia de Campos, há importantes reservas de combustíveis fósseis, petróleo e gás natural.

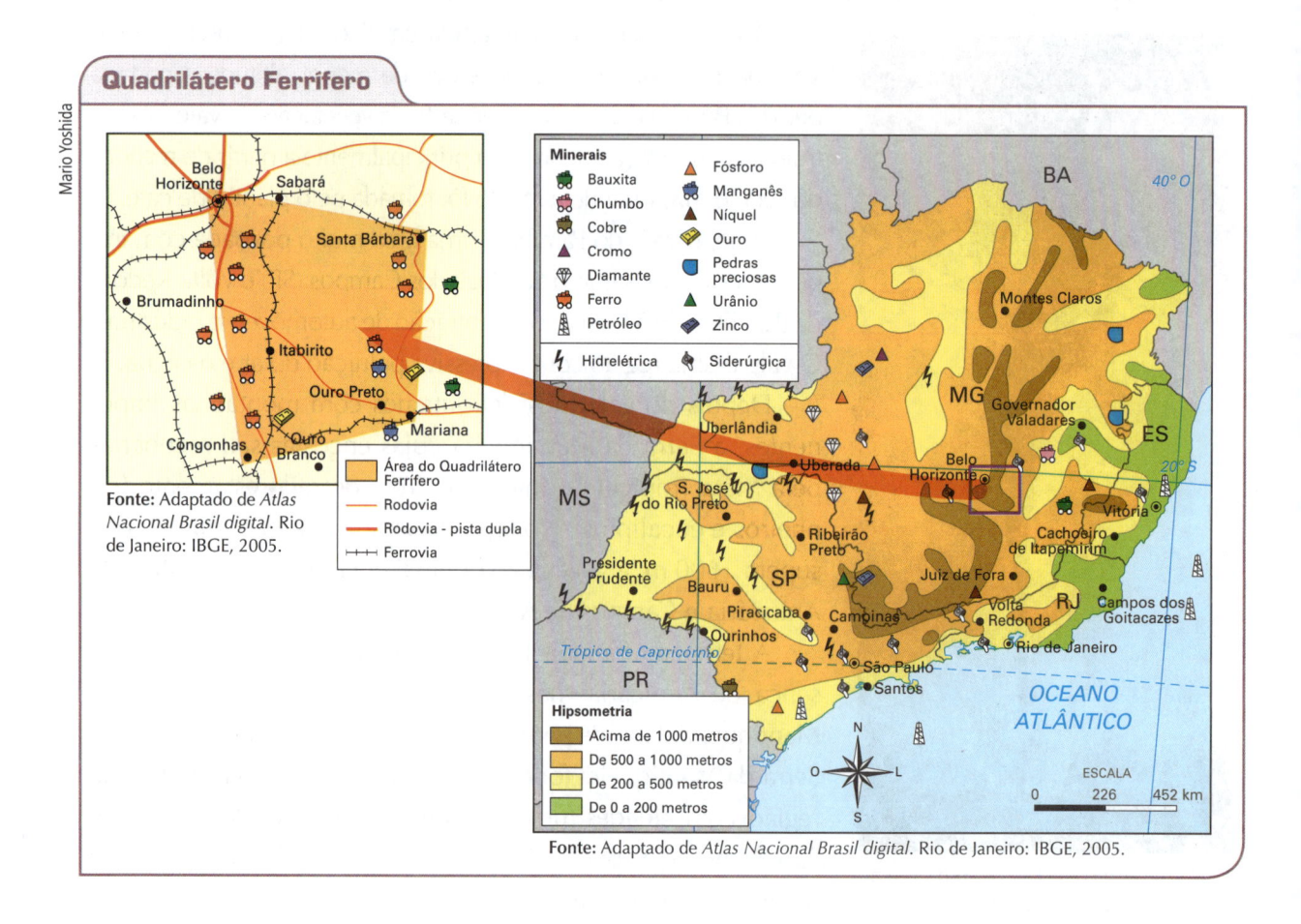

Quadrilátero Ferrífero

Fonte: Adaptado de *Atlas Nacional Brasil digital*. Rio de Janeiro: IBGE, 2005.

Fonte: Adaptado de *Atlas Nacional Brasil digital*. Rio de Janeiro: IBGE, 2005.

44

Depois de duas décadas de debate, Brasil institui Política Nacional de Resíduos Sólidos

Em cerimônia no Palácio do Itamaraty, o presidente Luiz Inácio Lula da Silva sanciona (2010), em Brasília, a lei que institui a Política Nacional de Resíduos Sólidos.

A proposta, que tramitava desde 1991 no Congresso Nacional, responsabiliza os fabricantes, importadores, distribuidores, comerciantes e consumidores pelo ciclo de vida dos produtos. Com isso, as empresas serão obrigadas a desenvolver a chamada "logística reversa": um conjunto de ações para tratar o que resta do produto após o uso pelo consumidor, seja reutilizando, reciclando ou descartando os dejetos de forma apropriada. Entre os produtos estão baterias, pilhas, lâmpadas, eletroeletrônicos e embalagens em geral.

"A lei que passou quase vinte anos no Congresso é resultado de esforço grande num texto que atende ao momento atual no Brasil. Ela é renovadora e traz alguns princípios novos e modernos como a responsabilidade compartilhada de toda uma cadeia produtiva (...). É o primeiro passo, já é um indicador que a gente evoluiu", comemora Victor Bicca Neto, presidente da entidade sem fins lucrativos Cempre (Compromisso Empresarial para Reciclagem).

Outra importante medida da nova lei é a determinação para que Estados e municípios acabem com seus lixões. Em vez deles, os governos municipais e estaduais deverão construir aterros sanitários, que normalmente, têm vida útil de 20 a 30 anos.

A diferença entre lixões e aterros é a gestão, segundo explica o diretor de Ambiente Urbano da Secretaria Nacional de Recursos Hídricos e Ambiente Urbano do MMA (Ministério do Meio Ambiente), Sérgio Gonçalves. "No lixão, o lixo é deixado a céu aberto sem cuidados sanitários necessários. Os resíduos são jogados de qualquer jeito no ambiente. Já no aterro, há gestão correta do rejeito. Ele [o aterro] tem normas técnicas, área escolhida de forma correta, os locais têm de ser impermeabilizados, tem de haver coleta de gás: ou se queima ou se aproveita. Se recolhe e trata o chorume [líquido que sai do lixo], e os rejeitos são compactados e aterrados", detalha.

Um levantamento do MMA apontou que as cidades brasileiras produzem, em média, cerca de 150 toneladas de lixo por dia. Desse total, 59% são destinados aos lixões e apenas 13% seguem para os aterros sanitários. O restante acaba tendo outros fins não especificados pela pasta. A nova lei pretende incluir o cidadão como corresponsável pelo que consome e descarta.

Após a sanção, o primeiro passo para colocar em prática as novas regras será promover reuniões com empresas e governos estaduais e municipais. Já estão em andamento 34 acordos de convênios e cooperações com o governo federal, em 18 Estados. São eles: Acre, Alagoas, Bahia, Ceará, Goiás, Mato Grosso, Maranhão, Minas Gerais, Pará, Paraíba, Paraná, Pernambuco, Piauí, Rio de Janeiro, Rio Grande do Norte, Rondônia, Santa Catarina e Sergipe.

A expectativa do Executivo é que até o fim do ano esses locais apresentem um mapa da situação de seus depósitos de lixo e quais locais poderiam servir para a construção de novos aterros, que receberiam dejetos de vários municípios, que terão de gerenciá-los em conjunto.

Pelo PAC 2 (segunda fase do Programa de Aceleração do Crescimento), o governo federal já destinou R$ 1,5 bilhão para esta área. Na área automobilística, uma das mais aquecidas do país, a Anip (Associação Nacional da Indústria de Pneumáticos) criou em 2007 a Reciclanip – entidade sem fins lucrativos que trabalha para dar um fim mais sustentável aos pneus velhos; são 463 pontos de coleta pelo país. A Reciclanip coletou 250 mil toneladas de pneus no ano passado. Um pneu costuma demorar mais de 150 anos para se decompor no meio ambiente.

Os fabricantes do setor já investiram mais de US$ 95 milhões no programa até o ano passado e a previsão de investimento para este ano é da ordem de US$ 25 milhões, segundo a entidade.

Fundado em 1992, o Cempre é outro exemplo de associação sem fins lucrativos dedicada à promoção da reciclagem. Ele é mantido por 30 grandes empresas privadas de diversos setores como Alcoa, AmBev, Beiersdorf/Nivea, Carrefour, Coca-Cola, Gerdau Klabin, Kraft Foods, Natura, Nestlé, Pepsico do Brasil, Philips, Procter & Gamble, Sadia, Souza Cruz, Suzano Papel e Celulose, Tetra Pak, Unilever e Wal-Mart.

Em maio deste ano, o Cempre fechou um acordo com o MMA para elaborar um estudo qualitativo sobre o atual cenário da reciclagem de eletroeletrônicos no país, que contará com a participação de todos os fabricantes e varejistas que fazem parte da entidade.

Disponível em:<http://noticias.uol.com.br/cotidiano/ultimas-noticias/2010/08/02/depois-de-duas-decadas-de-debate-brasil-institui-politica-nacional-de-residuos-solidos.htm>. Acesso em: jul.2012.

ATIVIDADES

1 Cite as unidades da federação que compõem a Região Sudeste.

_____
_____

2 Em relação ao Brasil, podemos dizer que a Região Sudeste é:

a) a mais rica e a mais populosa. ( )

b) a mais rica e a menos populosa. ( )

c) a menos rica e a menos populosa. ( )

d) a menos rica e mais populosa. ( )

3 Mencione 3 características que tornam a Região Sudeste a principal região do país do ponto de vista econômico.

_____
_____
_____
_____

4 A Região Sudeste apresenta os mesmos tipos de clima e vegetação? Justifique sua resposta.

_____
_____
_____
_____

5 A Região Sudeste apresenta o mesmo tipo de relevo? Justifique sua resposta.

_____
_____
_____
_____

6 Quais são os problemas ambientais mais frequentes no Vale do Paraíba?

_____
_____
_____
_____
_____

7 Cite o nome de duas cidades turísticas na Serra da Mantiqueira.

_____
_____
_____
_____
_____

8 Cite 2 problemas ambientais que ocorrem na Planície Costeira em São Paulo?

_____
_____
_____
_____
_____

Megalópole brasileira

No sudeste do país, a megalópole brasileira constitui a principal área de comando econômico do Brasil. Representa apenas 0,5% do território nacional, mas concentra 23% da população e cerca de 40% da atividade industrial. É uma sub-região com grande número de pequenas, médias e grandes cidades.

Constitui o principal centro econômico, financeiro, científico e cultural da nação.

A megalópole é integrada pelas seguintes áreas: as regiões metropolitanas de São Paulo, Rio de Janeiro, Campinas e da Baixada Santista, somadas à região do Vale do Paraíba e de Sorocaba. As diferentes áreas da megalópole são interligadas por rodovias que estão entre as mais modernas do país. Entre São Paulo e Rio de Janeiro, passando pelo Vale do Paraíba, a rodovia Presidente

Dutra. Ligando São Paulo a Campinas, as rodovias Anhanguera e Bandeirantes. Da Baixada Santista até São Paulo, as rodovias Anchieta e Imigrantes. Já entre São Paulo e a região de Sorocaba, a rodovia Castelo Branco.

O governo entregou para empresas privadas a administração das principais rodovias da megalópole. Muitas delas estão entre as melhores rodovias do país em termos de pavimentação, sinalização e segurança. Porém, os usuários reclamam dos numerosos e caros pedágios.

Fonte: Adaptado de FERREIRA, Graça, Maria Lemos. *Atlas Geográfico, Espaço mundial*.

São Paulo

Com 41,5 milhões de habitantes, o estado de São Paulo é o mais populoso do Brasil. Também é o mais rico, pois gera cerca de 33% do PIB (Produto Interno Bruto) do Brasil. Apesar da grande produção de riqueza, devido à desigualdade social, existem grandes bolsões de pobreza no estado, principalmente na periferia das regiões metropolitanas paulistas. No mapa a seguir, você pode observar o estado de São Paulo dividido em regiões administrativas e as principais cidades.

Fonte: Com base em IBGE. *Atlas Geográfico Escolar*. Rio de Janeiro: IBGE, 2009.

48

Grande São Paulo

Com aproximadamente 20 milhões de habitantes, cerca de 10% da população do país, a região metropolitana de São Paulo é a maior do Brasil. Nos arredores da Grande São Paulo e da Grande Campinas existem áreas agrícolas. Nos municípios como Mogi das Cruzes, Suzano, Cotia e Ibiúna se produz hortifrutigrangeiros, isto é, cultivos de verduras, frutas e legumes.

Jundiaí, São Roque e Vinhedo destacam-se no cultivo da uva associada à produção de vinho e de frutas como pêssego, figo, pera e goiaba. Como são produtos perecíveis, destinam-se a abastecer principalmente a Megalópole brasileira.

A metrópole de São Paulo, com 11 milhões de habitantes, é a mais populosa do país e representa cerca de 10% do PIB (Produto Interno Bruto) do Brasil. Hoje, São Paulo é uma Metrópole Global, sendo o principal centro comercial e de serviços do país, é também polo cultural, com grande número de cinemas, teatros, museus e espetáculos musicais.

A cidade é o centro financeiro do Brasil, visto que concentra a sede dos principais bancos privados nacionais e também agências de bancos estrangeiros. Na Bolsa de Valores de São Paulo (Bovespa) são negociadas as ações das principais empresas do Brasil, onde são negociados recursos de investidores nacionais e estrangeiros. A metrópole de São Paulo concentra mais de 30% dos recursos financeiros do país.

Simulação de negócios na mesa de operações da BOVESPA – Bolsa de Valores de São Paulo.

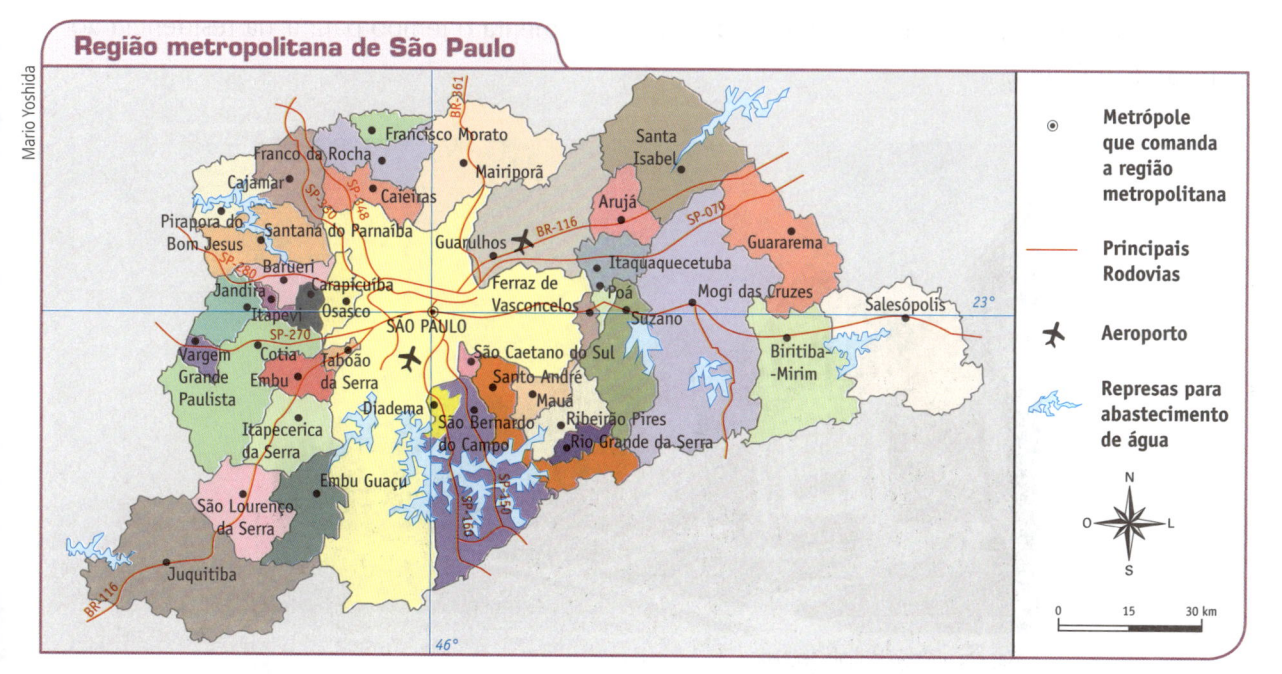

Região metropolitana de São Paulo

- Metrópole que comanda a região metropolitana
- Principais Rodovias
- Aeroporto
- Represas para abastecimento de água

Fonte: Adaptado de *Atlas Escolar Geográfico*. São Paulo, IBEP/Nacional, 2008.

49

A Grande São Paulo é fortemente industrializada, com destaque para os municípios identificados com as letras ABCD. Isto é, Santo André, São Bernardo do Campo, São Caetano do Sul e Diadema, além de Mauá. A região é famosa pela concentração de fábricas de automóveis e de autopeças. São exemplos, a General Motors em São Caetano do Sul e a Volkswagem em São Bernardo do Campo. O município de Guarulhos, o segundo mais populoso do estado de São Paulo, também apresenta indústrias e o principal aeroporto internacional do país.

> **Você sabia?**
>
> **Condomínios fechados e convivência social**
>
> Principalmente a partir da década de 1980, no estado de São Paulo, aconteceu o fenômeno da urbanização dispersa. A urbanização dispersa é o crescimento das cidades ao longo dos eixos rodoviários. Ou seja, as residências, comércio e áreas industriais se concentram próximas a rodovias para facilitar o transporte de pessoas e mercadorias, além de aumentar o consumo.
>
> A urbanização ocorreu ao longo das rodovias que ligam a Grande São Paulo aos demais núcleos da megalópole brasileira. É possível observar o fenômeno no Vale do Paraíba ao longo da rodovia Presidente Dutra. Outro exemplo dá-se ao longo da rodovia Castelo Branco que liga São Paulo a municípios como Barueri e Sorocaba.
>
> Com o agravamento dos problemas urbanos, como a violência, parte das classes sociais mais elevadas preferiu se deslocar da metrópole de São Paulo para condomínios fechados em outros municípios como Arujá, Santana do Parnaíba e Barueri.
>
> O deslocamento de empresas do setor terciário e industrial, além da presença de famílias com alto poder aquisitivo, fez com que Barueri se tornasse um dos municípios mais ricos do Brasil.
>
> Também se observa a proliferação de empreendimentos imobiliários de alto padrão em zonas rurais com amplas áreas verdes, também nas proximidades das rodovias.
>
> A urbanização dispersa é criticada pelos urbanistas e geógrafos. Ela resolve problemas inicialmente, mas, depois, com o crescimento urbano, a situação volta a se complicar. Com o tempo, as rodovias ficam congestionadas, assim, aumenta o tempo para ir da residência ao local de trabalho.
>
> Casas em um condomínio fechado.

Grande Baixada Santista

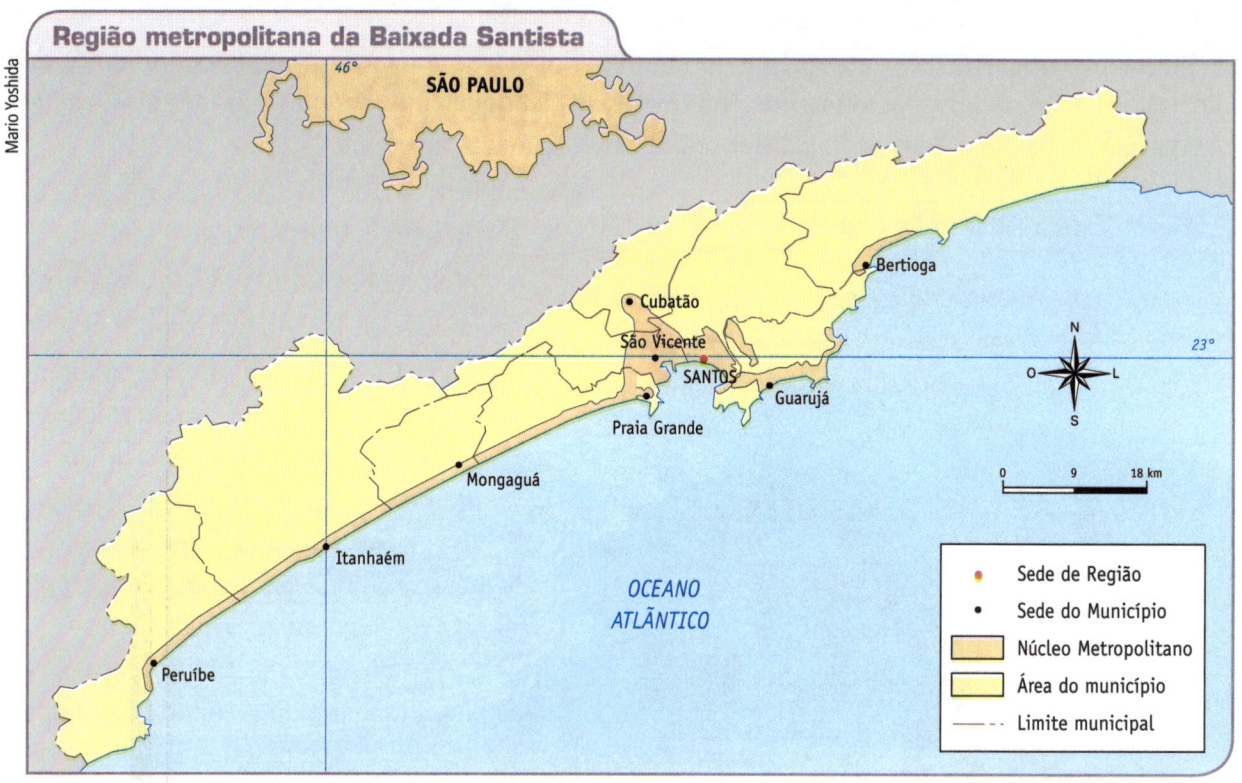

Região metropolitana da Baixada Santista

Fonte: Com base em *Atlas Escolar Geográfico*. São Paulo: IBEP/Nacional, 2008.

A região metropolitana da Baixada Santista é polarizada pela cidade de Santos e povoada por 1,3 milhão de habitantes. O porto de Santos é o mais importante do país para importações e exportações. O porto exporta produtos provenientes de estados como São Paulo, Minas Gerais, Goiás, Mato Grosso do Sul e Mato Grosso.

Navio carregado de contêineres no porto de Santos, cuja movimentação de cargas cresceu devido ao aumento nas exportações.

A partir do porto de Santos são exportados produtos como café, laranja, soja, açúcar, carne bovina, calçados, tecidos, automóveis, aço e produtos eletrônicos. No litoral norte, o porto de São Sebastião é especializado na recepção de petróleo e na exportação de carros.

A cidade de Cubatão é o principal polo industrial. Nela, localiza-se a refinaria de petróleo Presidente Bernardes, da Petrobras, e uma unidade do grupo siderúrgico Usiminas (produção de aço), que adquiriu a antiga Cosipa (Companhia Siderúrgica Paulista).

O litoral paulista também apresenta importantes balneários turísticos, que atraem milhares de turistas nos finais de semana, feriados e férias escolares. Destacam-se os municípios de São Vicente, Praia Grande, Guarujá, Bertioga, Ilha Bela, São Sebastião e Ubatuba.

Grande Campinas

Na Depressão Periférica paulista, localiza-se a região metropolitana de Campinas com 2,6 milhões de habitantes e formada também por municípios como Vinhedo, Indaiatuba, Sumaré e Jaguariúna. A região apresenta atividade industrial diversificada e destaca-se nos setores de alta tecnologia como informática e telecomunicações.

No município de Paulínia situa-se a Replan (Refinaria do Planalto Paulista), a maior refinaria de petróleo do país. A cidade de Americana constitui importante centro da indústria de tecidos e confecções. Já a cidade de Itatiba é especializada em fábricas de móveis.

Fonte: Com base em *Atlas Escolar Geográfico*. São Paulo, IBEP/Nacional, 2008.

A presença de setores de alta tecnologia na região de Campinas deve-se à presença de mão de obra qualificada proveniente, inclusive, de grandes universidades públicas como a Unicamp (Universidade de Campinas).

Vista aérea da Unicamp (Universidade de Campinas), uma das mais importantes do Brasil.

Vale do Paraíba

No século XIX, o vale do rio Paraíba do Sul, situado entre os estados de São Paulo e Rio de Janeiro, destacou-se como a principal região produtora de café do país. Na época não existiam cuidados com o solo como o plantio em curvas de nível. Assim, a erosão e o empobrecimento do solo contribuíram para a decadência da produção de café no século XX. Logo, o cultivo de café deslocou-se para o oeste paulista.

O café cedeu espaço para as pastagens, onde passou a ser desenvolvida a pecuária leiteira para a produção de leite e laticínios que abastecem a megalópole e imediações. Hoje, a pecuária leiteira apresenta retração na região.

Hoje, o Vale do Paraíba é uma área de pujante atividade industrial com destaque para setores de alta tecnologia: automóveis, eletrônicos, armamentos e aviões. Sobressai-se a Embraer em São José dos Campos. Na atualidade, é uma das mais importantes empresas produtoras e exportadoras de aviões de médio porte do mundo.

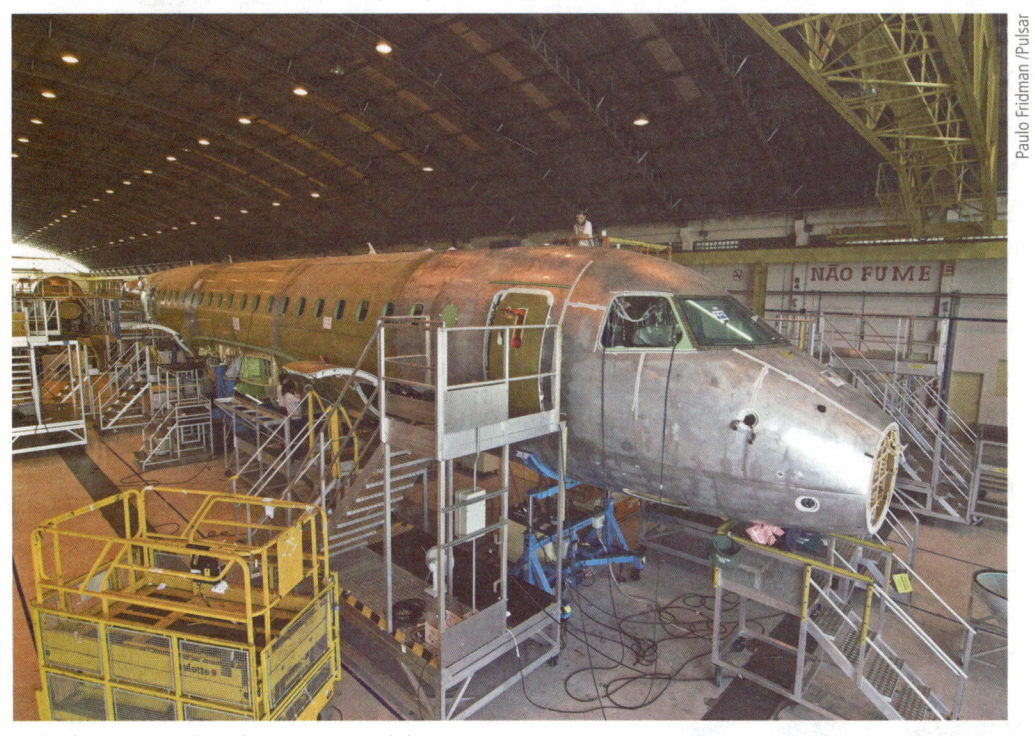

Linha de montagem da Embraer em São José dos Campos.

O desenvolvimento econômico deve-se aos centros tecnológicos. Em São José dos Campos, destaca-se o INPE (Instituto de Pesquisas Espaciais), responsável pelo programa espacial brasileiro e pela interpretação de imagens de satélite. A cidade também concentra o ITA (Instituto Tecnológico da Aeronáutica), um conceituado centro de formação de engenheiros. Instituições que em conjunto à AEB (Agência Espacial Brasileira) formam o CTA (Centro de Tecnologia da Aeronáutica).

No Vale do Paraíba, a maior parte das cidades e das indústrias localiza-se nas proximidades da rodovia Presidente Dutra. O vale também é marcado pela religiosidade devido à presença da cidade de Aparecida que atrai milhares de católicos todos os anos.

Interior Paulista

O Interior Paulista é integrado pelas regiões administrativas de Presidente Prudente, Araçatuba, São José do Rio Preto, Barretos, Franca, Ribeirão Preto, Central (Araraquara e São Carlos), Bauru, Marília e parte da região de Sorocaba. Corresponde aos Planaltos e Chapadas da Bacia do Paraná e parte da Depressão Periférica, áreas com solos aptos para o agronegócio moderno como o latossolo vermelho e a terra roxa.

A prosperidade da região começou com o ciclo do café no final do século XIX. Hoje, o agronegócio é fundamental para a economia do interior paulista. São Paulo lidera a produção nacional de laranja e cana-de-açúcar.

Na produção de laranja, são exemplos municípios como Araraquara, Matão, Itápolis e Bebedouro. Grande parte da laranja destina-se à produção de suco de laranja concentrado, produto em que o Brasil é líder mundial em exportações.

A produção de cana-de-açúcar ocorre nas regiões de Ribeirão Preto, Araraquara e Piracicaba. A cana é destinada à fabricação de açúcar, produto em que o Brasil é o maior exportador mundial.

Brasil – produção de laranja

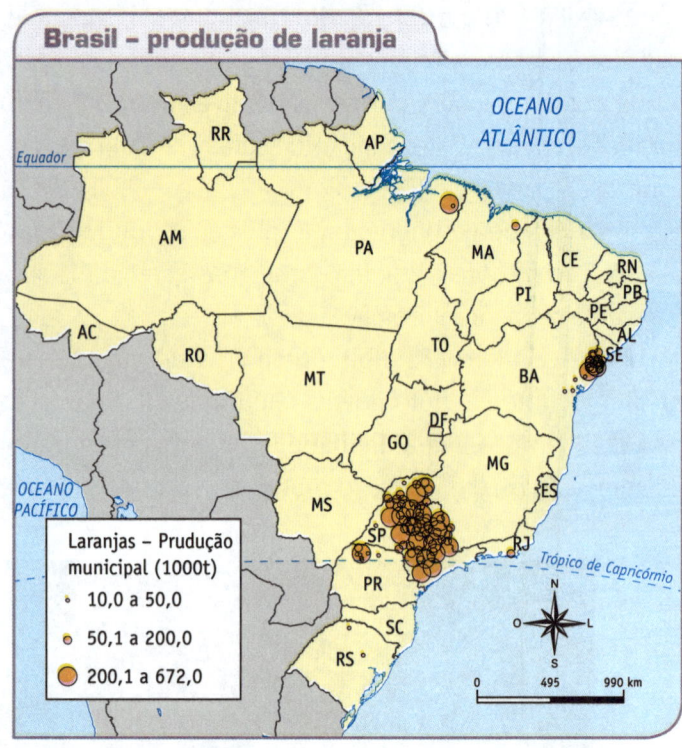

Laranjas – Produção municipal (1000t)
- 10,0 a 50,0
- 50,1 a 200,0
- 200,1 a 672,0

Fonte: Com base em IBGE. *Atlas Geográfico Escolar*. Rio de Janeiro: IBGE, 2009.

Ocorre uma expansão na área cultivada de cana em decorrência do aumento do consumo de etanol como combustível no mercado interno. Isto acontece devido ao advento dos automóveis flex, ou seja, que utilizam tanto álcool quanto gasolina. Também há um aumento das exportações de álcool para o mercado externo. Assim, a monocultura de cana-de-açúcar está se expandindo por áreas novas que antes eram destinadas a pastagens, a exemplo da região de Araçatuba.

A pecuária bovina de corte, isto é, para a produção de carne, é importante nas regiões de Araçatuba e Presidente Prudente. Esta região apresenta numerosos frigoríficos que recebem carne da própria região e de outros estados do Centro-Oeste como Mato Grosso do Sul e Goiás.

Além da agropecuária moderna, o interior paulista atravessou rápida industrialização desde

Molho de pimenta envasado - pequena fábrica da cidade de Morungaba, SP, 2009.

a década de 1980. Tradicionalmente, a indústria se expandiu ao longo das rodovias que ligam a capital ao interior, a exemplo da Washington Luís. A indústria de alimentos sempre teve destaque no interior de São Paulo, mas observa-se diversificação, a exemplo da escolha do pequeno município de Gavião Peixoto, perto de Araraquara, para sede da nova fábrica da Embraer. Municípios como Franca, destacam-se na produção de calçados.

Nos anos 2000, a industrialização avança em pequenos municípios que não querem ficar apenas dependentes da agricultura. É o exemplo de Tabatinga, a cidade especializou-se na produção de bichos de pelúcia e gerou mais de 3 mil empregos em pequenas indústrias. Outro exemplo é Ibitinga, conhecida como "capital nacional do bordado".

O interior de São Paulo, com agronegócio moderno combinado com a industrialização, tornou-se uma das regiões mais prósperas do país. O interior paulista apresenta um expressivo número de cidades médias, com alto padrão de consumo e razoável qualidade de vida.

ATIVIDADES

1) Qual é a importância da produção de verduras, frutas e legumes em cidades como Mogi das Cruzes e Ibiúna no estado de São Paulo?

_____
_____
_____
_____
_____

2) Julgue a afirmação a seguir como certa ou errada. Justifique sua resposta.

> Os municípios do ABCD na Grande São Paulo como São Bernardo do Campo e São Caetano do Sul destacam-se pela grande concentração de indústrias de automóveis e autopeças.

_____
_____
_____
_____
_____
_____

55

3 Julgue a afirmação a seguir como certa ou errada. Justifique sua resposta.

> A Megalópole brasileira representa 50% do território do país, sendo formada pelas regiões metropolitanas de São Paulo e Belo Horizonte. Nela, predominam as atividades do setor primário da economia.

_____
_____
_____
_____
_____

4 Cite 3 características da região metropolitana de São Paulo.

_____
_____

5 Mencione 3 características da região de Campinas.

_____
_____
_____
_____

6 Sobre o Vale do Paraíba, identifique as afirmações incorretas.

a) Apresenta relevo de baixa altitude com a presença do rio Paraíba do Sul. ( )

b) Localiza-se entre as regiões metropolitanas de São Paulo e Belo Horizonte. ( )

c) A região apresenta indústria siderúrgica em Volta Redonda (RJ). ( )

d) A cidade da Aparecida apresenta importante função religiosa. ( )

e) No século XIX, prevalecia a produção de laranja para exportação. ( )

f) A cidade de São José dos Campos destaca-se na produção de aviões. ( )

g) A principal rodovia é a BR-116 (Régis Bittencourt). ( )

7 Dê quatro características do interior de São Paulo.

_____
_____
_____
_____

Rio de Janeiro

O Rio de Janeiro é o terceiro Estado mais populoso do Brasil com 16 milhões de habitantes. A região metropolitana do Rio de Janeiro é a segunda maior do país com 11 milhões de habitantes. É formada pela metrópole do Rio de Janeiro somada às cidades do entorno da Baía da Guanabara como Niterói, Duque de Caxias, São Gonçalo e Nova Iguaçu. Para facilitar a integração entre as cidades, na década de 1970, foi construída a ponte Rio-Niterói.

A metrópole do Rio de Janeiro é importante centro financeiro e de serviços. Capital do país até 1960, a cidade ainda apresenta a sede de importantes empresas estatais como a Petrobrás e o BNDES (Banco Nacional de Desenvolvimento Econômico e Social).

O estado do Rio de Janeiro apresenta indústrias diversificadas. Destaca-se a exploração de petróleo e de gás natural em áreas recobertas pelo mar na bacia de Campos, na altura do litoral norte do estado.

Parte dos lucros com a exploração de petróleo fica no estado e é remetida para os municípios do norte fluminense. Isto explica a rápida prosperidade de municípios como Campos de Goytacazes, Macaé, Rio das Pedras e Armação de Búzios.

Em Duque de Caxias foi construída a REDUC, uma das maiores refinarias de petróleo do país, importante na produção de derivados como gasolina, querosene e diesel. A indústria naval também cresceu com a construção de navios e plataformas de petróleo em diversos estaleiros como os de Angra dos Reis, litoral sul do estado. Também em Angra dos Reis, situam-se as duas únicas usinas nucleares do país, Angra I e II.

No Vale do Paraíba fluminense, destacam-se centros industriais, como Resende e Volta Redonda, onde se localiza a maior siderúrgica do país, a CSN (Companhia Siderúrgica Nacional). A região também tornou-se um polo importante da indústria automobilística, a exemplo da montadora francesa Peugeot no município de Porto Real. O Rio de Janeiro apresenta vários portos importantes como o do Rio de Janeiro, Sepetiba, Itaguaí e Angra dos Reis.

A cidade do Rio de Janeiro é a que mais recebe turistas estrangeiros no país, especialmente durante o verão e o carnaval.

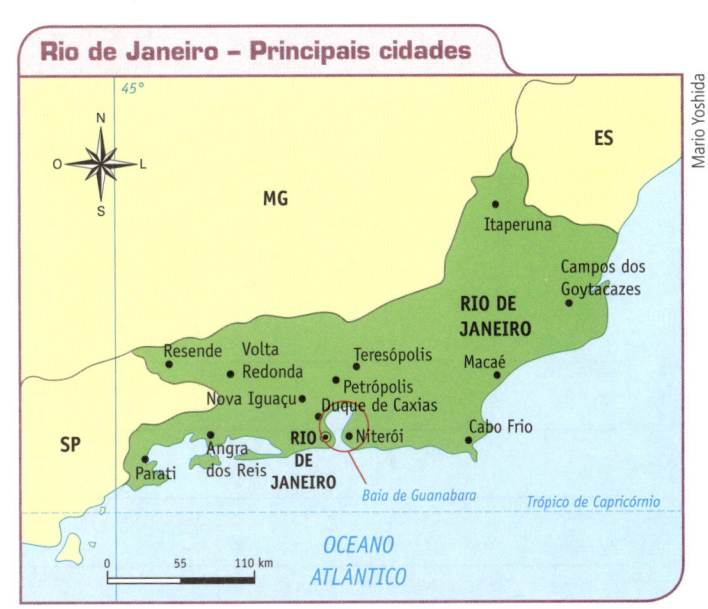

Rio de Janeiro – Principais cidades

Fonte: Adaptado de *Atlas Escolar Geográfico*. São Paulo: IBEP/Nacional, 2008.

A atividade turística também é importante em municípios litorâneos como Angra dos Reis, Parati, Cabo Frio e Armação de Búzios. Parte do estado é marcada por áreas montanhosas como a Serra dos Órgãos e o Maciço do Itatiaia. Desse modo, cresce o turismo para estâncias climáticas como Petrópolis, Nova Friburgo e Visconde de Mauá. A região serrana, polarizada por Petrópolis, constitui um importante polo da indústria têxtil e de cimento.

Construção naval no Rio de Janeiro, RJ.

ATIVIDADES

1) Produza um texto sobre a distribuição geográfica da indústria siderúrgica (principalmente aço) a partir da interpretação do mapa a seguir. É importante considerar todos os estados que apresentam esse tipo de indústria, destacando os 3 estados com maior concentração.

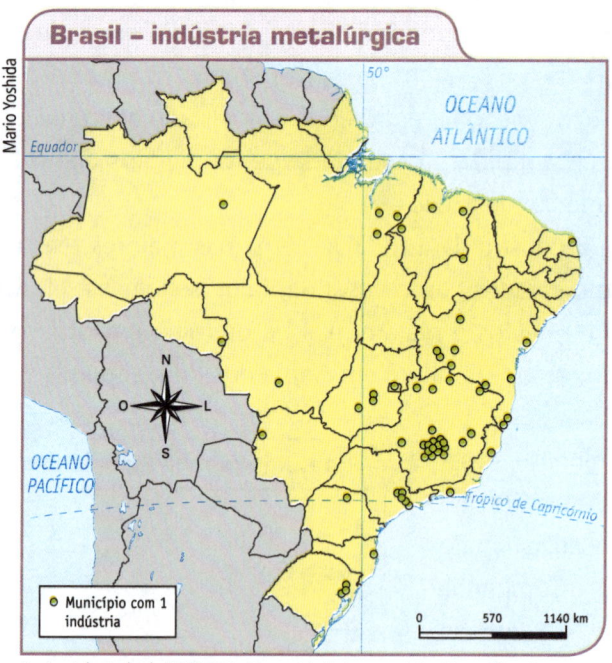

Brasil – indústria metalúrgica

○ Município com 1 indústria

Fonte: Adaptado de FERREIRA, Graça Maria Lemos. *Atlas Geográfico Espaço Mundial*. São Paulo: Moderna, 2010.

_____
_____
_____
_____
_____

2 O PIB (Produto Interno Bruto) constitui a somatória de toda a riqueza produzida em um lugar durante 1 ano. O gráfico a seguir, mostra os municípios que concentram maior PIB em relação ao total do país.

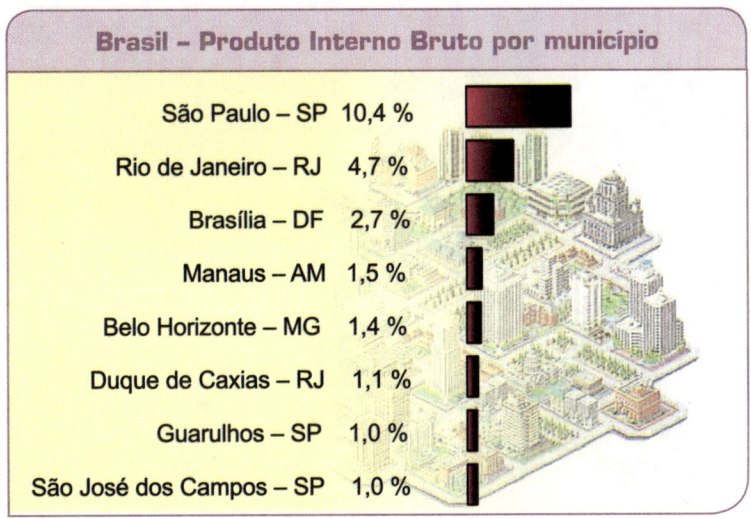

Brasil – Produto Interno Bruto por município

Município	%
São Paulo – SP	10,4 %
Rio de Janeiro – RJ	4,7 %
Brasília – DF	2,7 %
Manaus – AM	1,5 %
Belo Horizonte – MG	1,4 %
Duque de Caxias – RJ	1,1 %
Guarulhos – SP	1,0 %
São José dos Campos – SP	1,0 %

Fonte: IBGE. *Atlas Geográfico Escolar*. Rio de Janeiro: IBGE, 2009.

A partir da interpretação do gráfico, responda:

a) A maioria das cidades pertence a qual região do país?

b) Qual é o estado que apresenta o maior número de cidades?

c) Quais cidades pertencem à megalópole brasileira?

d) Que fator explica a presença de São José dos Campos?

e) Que fator explica a presença de Duque de Caxias?

3 O principal indicador de violência é o número de homicídios. O mapa a seguir, mostra a distribuição da violência nos estados brasileiros. Compare os estados do Rio de Janeiro e São Paulo com o restante do país.

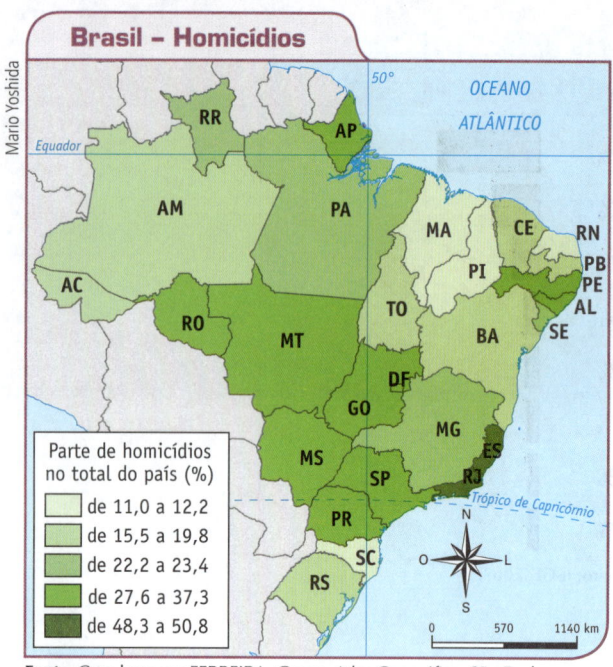

Brasil – Homicídios

Parte de homicídios no total do país (%)
- de 11,0 a 12,2
- de 15,5 a 19,8
- de 22,2 a 23,4
- de 27,6 a 37,3
- de 48,3 a 50,8

Fonte: Com base em FERREIRA, Graça. *Atlas Geográfico*. São Paulo: Moderna, 2009.

4 Produza um texto sobre o estado do Rio de Janeiro, utilizando os seguintes termos: cidade do Rio de Janeiro, petróleo, usinas nucleares, turismo, cana-de-açúcar, Petrópolis, Petrobrás, Campos de Goytacazes, Volta Redonda, Macaé, Companhia Siderúrgica Nacional, construção naval e Angra dos Reis.

Minas Gerais

Com 20 milhões de habitantes, o estado de Minas Gerais é o segundo mais populoso do Brasil. Devido a sua grande diversidade interna, Minas pode ser dividido em sub-regiões.

A porção central do estado engloba a região de Belo Horizonte, o Quadrilátero Ferrífero, o vale do Aço e as cidades históricas mineiras. A região metropolitana de Belo Horizonte, a terceira maior do país, com 4,5 milhões de habitantes e com importante atividade industrial. A área metropolitana inclui cidades como Betim que se destaca na produção de automóveis devido à presença da fábrica da FIAT. No município de Contagem, destaca-se o setor petroquímico.

Minas Gerais – principais cidades

Fonte: Com base em IBGE. *Atlas Geográfico Escolar*. Rio de Janeiro: IBGE, 2009.

A porção central do estado também conta com o Quadrilátero Ferrífero, área de atuação de mineradoras com a liderança da VALE (Companhia Vale do Rio Doce) na exploração de ferro e manganês. As jazidas de minerais metálicos incentivaram o desenvolvimento industrial na região metropolitana do Vale do Aço. Destacam-se as indústrias siderúrgicas e metalúrgicas como a Usiminas, localizada no município de Ipatinga.

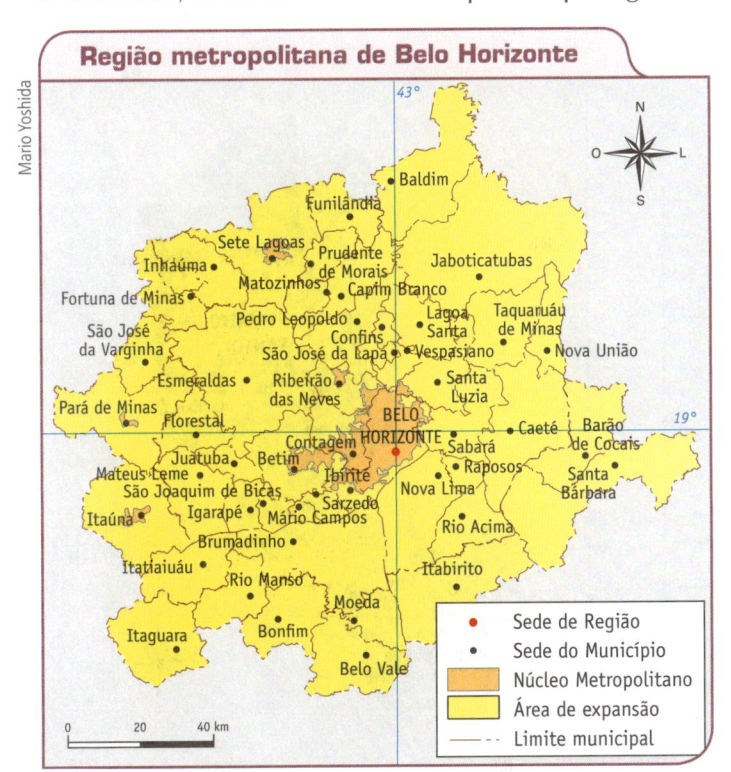

Região metropolitana de Belo Horizonte

Fonte: Adaptado de *Atlas Escolar Geográfico*. São Paulo: IBEP/Nacional, 2008.

O turismo associado ao patrimônio histórico é importante em diversas cidades mineiras como Ouro Preto, Tiradentes, Mariana e Diamantina. Muitas destas cidades surgiram com o advento do ciclo do ouro no século XVIII.

O Triângulo Mineiro é uma das sub-regiões mais ricas de Minas Gerais, pois apresenta agronegócio moderno. Os principais municípios do Triângulo são Uberlândia, Uberaba, Araguari, Araxá e Patos de Minas. A pecuária bovina de corte apresenta um plantel formado por diversas raças (nelore, gir, zebu e guzerá) e conta com importantes frigoríficos. A produção leiteira também é crescente.

A pecuária utiliza técnicas avançadas de melhoramento genético e inseminação artificial. A agricultura é moderna

61

e mecanizada, a exemplo da produção de soja e cana-de-açúcar. Hoje, Minas Gerais detém a liderança nacional na produção de café. Outro destaque é Patos de Minas, que recebeu o título de "capital nacional do milho".

O Sul de Minas e a Zona da Mata Mineira são sub-regiões marcadas pela presença de importantes municípios como Juiz de Fora, Poços de Caldas e Pouso Alegre. Trata-se de uma tradicional região de pecuária leiteira que abastece a indústria de laticínios (leite, queijos e iogurtes) principalmente para o mercado interno brasileiro. Destaca-se também a exploração de bauxita (minério de alumínio).

O sul de Minas e o Triângulo destacam-se como centros turísticos devido à presença de estâncias climáticas e hidrominerais como Poços de Caldas e Araxá.

Espírito Santo

O Espírito Santo tem 3,4 milhões de habitantes, e grande parte da população se concentra na região metropolitana de Vitória, engloba também cidades como Vila Velha, Cariacica e Serra.

O Espírito Santo apresenta um conjunto de portos modernos que estão entre os melhores do país. O porto de Tubarão, situado em Vitória, é responsável pelas exportações de minério de ferro vindo do Quadrilátero Ferrífero (MG) através da ferrovia Vitória-Minas.

A disponibilidade de ferro facilitou o avanço da indústria siderúrgica, a exemplo do grupo indiano Arcelor Mittal Tubarão, na Grande Vitória. Ao norte, na região de Aracruz, destaca-se as áreas de reflorestamento de eucalipto destinadas ao abastecimento de matéria-prima para a indústria produtora de papel e celulose. O estado também se sobressai na produção de pedras ornamentais como o granito.

Na agricultura, destaca-se na produção de café, que tornou o estado o segundo produtor nacional. O litoral capixaba, bastante frequentado pelos mineiros, apresenta balneários concorridos como Guarapari.

Fonte: Adaptado de *Atlas Escolar Geográfico*. São Paulo: IBEP/Nacional, 2008.

Fonte: Adaptado de *Atlas Escolar Geográfico*. São Paulo: IBEP/Nacional, 2008.

ATIVIDADES

1) Os estados do Rio de Janeiro e São Paulo apresentam atividades econômicas diversificadas. No diagrama a seguir, encontre os municípios correspondentes à atividade econômica.

- I – Porto.
- II – Indústria de automóveis.
- III – Fábrica de calçados.
- IV – Siderúrgica.
- V – Refinaria de petróleo.
- VI – Turismo.
- VII – Laranja.
- VIII – Cana-de-açúcar.

	A	B	C	D	P	A	B	C	D	E	F	G	H	I	J	L	M	N	O	P	Q	U	S
I	S	A	N	T	O	S	S	R	V	Z	W	I	G	J	O	A	N	G	R	A	U	F	V
	F	G	H	I	R	J	L	M	N	O	P	J	F	M	N	Y	Z	A	B	C	D	E	F
VII	U	V	X	I	T	A	B	C	D	E	F	G	H	I	J	M	A	R	Í	L	I	A	B
V	A	E	F	G	V	O	L	T	A	R	E	D	O	N	D	A	B	C	D	E	F	G	H
	B	S	A	N	T	A	N	D	R	É	U	V	Z	Z	X	T	A	B	C	D	E	F	J
VIII	Q	R	S	U	R	A	B	C	J	L	R	I	B	E	I	R	Ã	O	P	R	E	T	O
	A	B	C	D	E	E	F	G	H	I	J	L	M	N	O	O	P	Q	R	S	T	U	V
III	X	U	Z	F	R	A	N	C	A	I	B	I	T	I	N	G	A	I	T	A	P	O	L
	A	B	C	D	L	E	C	U	B	A	T	Ã	O	B	A	R	U	E	R	I	A	B	C
	J	U	B	S	A	O	C	A	E	T	A	N	O	D	O	S	U	L	A	B	C	D	F
IV	B	C	U	B	A	T	Ã	O	B	A	U	R	U	C	A	M	P	I	N	A	S	I	F
II	A	B	Z	S	Ã	O	B	E	R	N	A	R	D	O	D	O	C	A	M	P	O	E	G
	C	D	I	D	I	A	D	E	M	A	P	R	E	S	I	D	E	N	T	E	A	B	C
	F	G	O	F	R	I	B	U	R	G	O	M	A	C	A	É	C	A	M	P	O	C	G
VI	H	Y	S	A	N	G	R	A	D	O	S	R	E	I	S	B	A	R	U	E	R	I	V

2) Cite duas sub-regiões de Minas Gerais e um aspecto econômico de cada uma delas.

_____

_____

3) Qual a importância dos portos do Espírito Santo no comércio exterior do Brasil?

_____

_____

_____

_____

63

Capítulo 4
REGIÃO SUL E CENTRO-OESTE

A Região Sul do Brasil é a única que está quase totalmente situada na zona subtropical, no sul do país. Os seus aspectos naturais são bem diferenciados das demais regiões brasileiras e sua ocupação foi muito influenciada pela colonização europeia. A Região Centro-Oeste é dominada pelo clima tropical, cortada por importantes rios e nela está o Distrito Federal, onde se situa Brasília, a capital do Brasil.

Cânion Malacara na Serra do Faxinal no Parque Nacional de Aparados da Serra, Rio Grande do Sul.

Plano piloto de Brasília.

Região Sul

Aspectos gerais

A Região Sul é formada pelos estados do Paraná, Santa Catarina e Rio Grande do Sul. Está situada no extremo sul do país e sua extensão corresponde a 7% do território nacional. Nela vivem cerca de 27,5 milhões de pessoas. Rio Grande do Sul e Paraná contam com 10,5 milhões de habitantes cada um e Santa Catarina abriga 6,5 milhões de pessoas.

Fonte: IBGE. *Atlas Geográfico Escolar.* Rio de Janeiro: IBGE, 2009.

O clima e a vegetação da Região Sul são bastante diferentes das outras regiões do país. Predomina o clima subtropical, com chuvas mais bem distribuídas pelo ano todo e com temperaturas médias mais baixas, com a ocorrência de geadas no inverno e até neve na região serrana do Rio Grande do Sul e Santa Catarina. Os verões são quentes. Na porção norte do Paraná o clima é o tropical de altitude, com médias térmicas um pouco mais elevadas do que as encontradas no restante da região, com chuvas concentradas no verão.

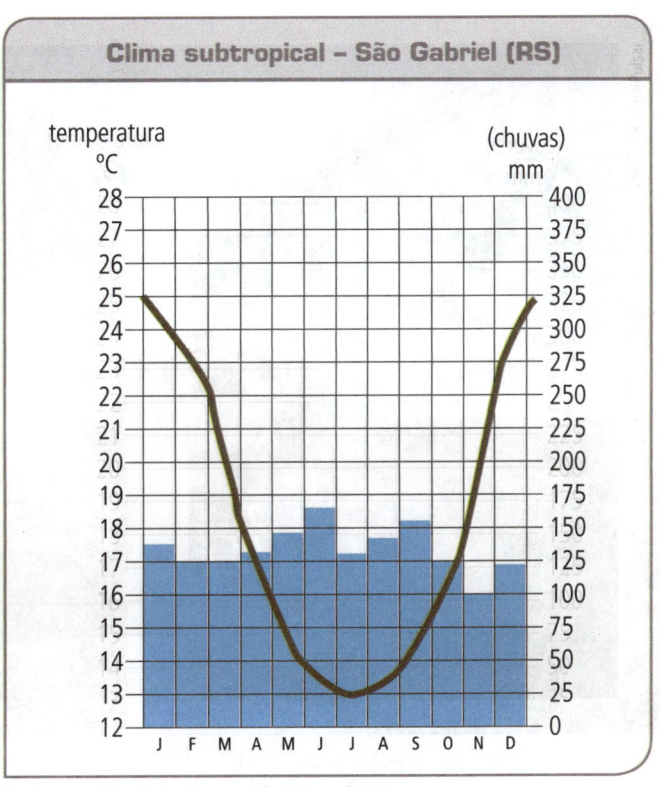

Fonte: Inmet (Instituto Nacional de Meteorologia).

Região Sul – vegetação original

Fonte: IBGE. *Atlas Geográfico Escolar*. Rio de Janeiro: IBGE, 2009.

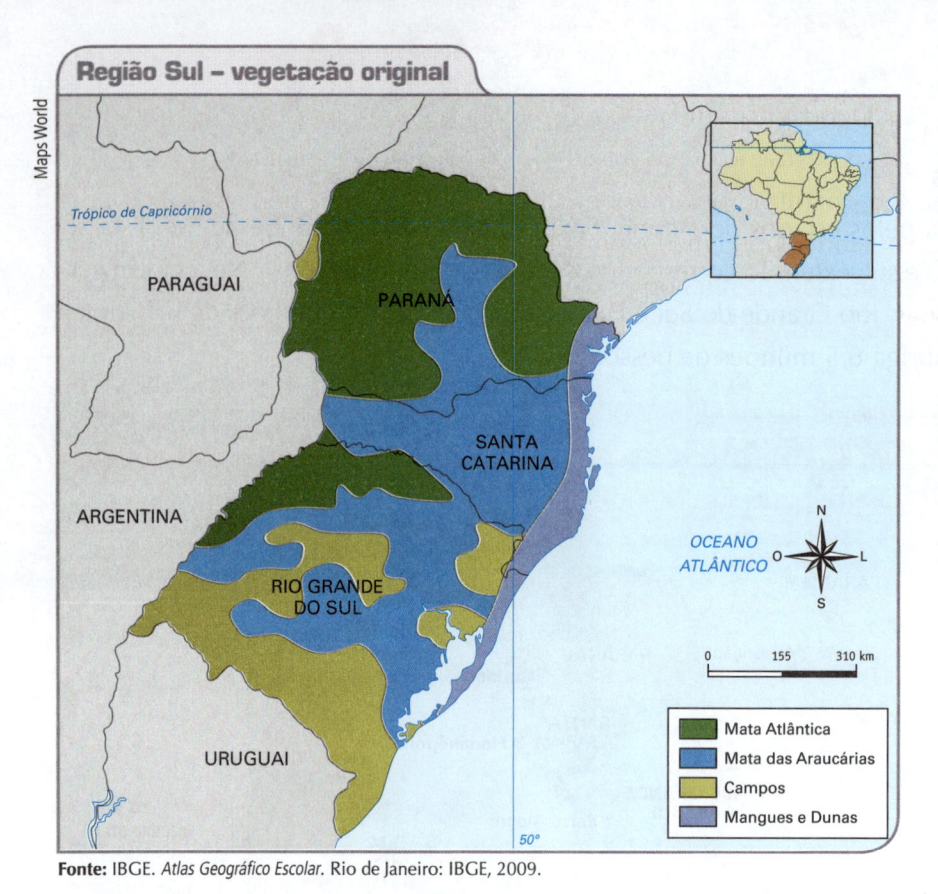

A vegetação predominante é a Mata das Araucárias, formada por pinheiros, embora a maior parte dessa formação vegetal tenha sido extinta pela ação humana. No Paraná encontrávamos Mata Atlântica, que também foi derrubada para dar lugar a plantações e cidades ao longo do tempo. No Rio Grande do Sul temos os campos, vegetação rasteira formada por gramíneas, excelentes pastos naturais também conhecidos como Pampas.

Neve em Urubici, Estrada SC – 439, Morro da Igreja da cidade de Urubici, Santa Catarina, 2010.

Mata das Araucárias, Santa Catarina.

66

A imigração europeia e japonesa

No século XIX, o governo brasileiro, preocupado, em ocupar o sul do país, incentivou a imigração europeia para essa região, oferecendo lotes de terra para os imigrantes que aqui se estabelecessem. Vieram principalmente italianos e alemães que se fixaram no Rio Grande do Sul e alemães em Santa Catarina, onde cultivavam seus lotes de terra, desenvolvendo a agricultura familiar e produzindo alimentos para o mercado interno. Os imigrantes marcaram profundamente o espaço desses estados.

O café foi responsável pela ocupação do norte do Paraná. No começo do século milhares de japoneses dirigiram-se para as fazendas de café e ajudaram a colonizar essa região, sendo bastante significativa sua influência nessa área. Também vieram poloneses, lituanos, alemães, entre outros.

Catedral Diocesana da cidade de Caxias do Sul, Rio Grande do Sul, 2008

Vista do Parque Vila Germânica em estilo enxaimel na cidade de Blumenau, Santa Catarina, 2010.

Agropecuária

A produção agrícola, com destaque para a produção de grãos, e a pecuária são importantes atividades econômicas da Região Sul. A agricultura é bastante desenvolvida, com o uso de maquinários, fertilizantes, tecnologia, uma agricultura moderna e intensiva, e se destaca o cultivo de trigo, soja, arroz, milho e o café no norte do Paraná. A soja plantada na Região Sul representa 30% do total da produção nacional. O Paraná é o segundo produtor nacional e o Rio Grande do Sul o terceiro. A soja é um dos principais produtos de exportação brasileira, e a produção do sul é exportada pelo porto de Paranaguá, no Paraná.

Café no norte do Paraná

Fonte: Secretaria da Agricultura do Paraná. (adaptado)

Avicultura, criação de aves para o abate, Doutor Camargo, Paraná, 2007.

A criação de gado bovino, nos Pampas, é uma das principais atividades econômicas gaúchas, bem como a criação de suínos e aves voltada para a indústria alimentícia (agroindústria), com maior destaque para Santa Catarina.

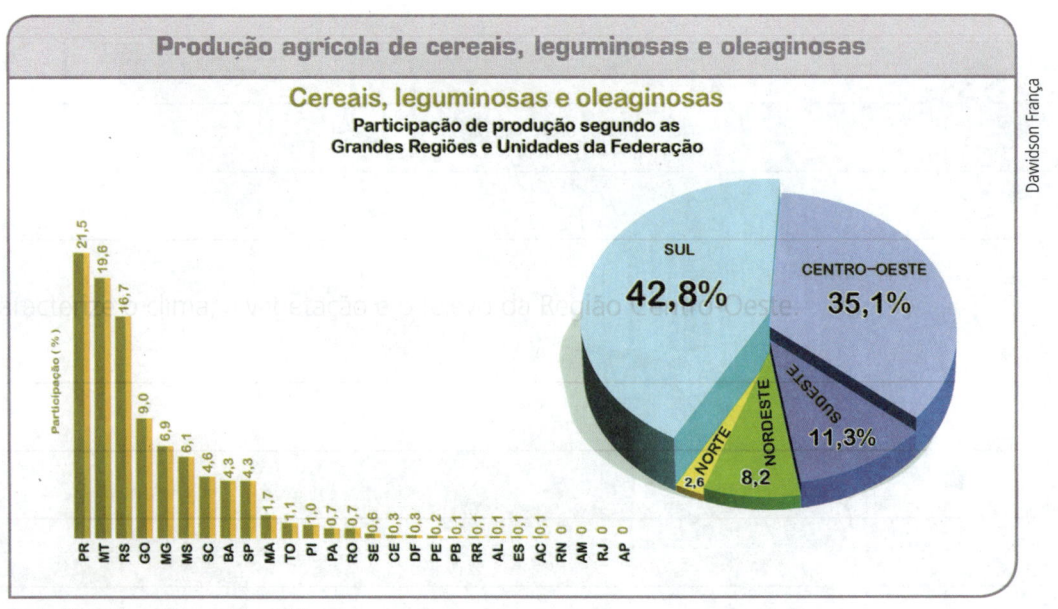

Produção agrícola de cereais, leguminosas e oleaginosas

Cereais, leguminosas e oleaginosas
Participação de produção segundo as Grandes Regiões e Unidades da Federação

SUL 42,8%
CENTRO-OESTE 35,1%
SUDESTE 11,3%
NORDESTE 8,2
NORTE 2,6

PR 21,5 | MT 19,6 | RS 16,7 | GO 9,0 | MS 6,9 | MG 6,1 | SC 4,6 | BA 4,3 | SP 4,3 | MA 1,7 | TO 1,1 | PI 1,0 | PA 0,7 | RO 0,7 | SE 0,6 | CE 0,3 | DF 0,3 | PE 0,2 | PB 0,1 | RR 0,1 | AL 0,1 | ES 0,1 | AC 0,1 | RN 0 | AM 0 | RJ 0 | AP 0

Fonte: IBGE, Censo Demográfico 2010.

68

ATIVIDADES

1 Diga os estados que formam a Região Sul.

_____
_____
_____
_____

2 O clima que predomina na Região Sul é o:

a) tropical. ( )

b) semitropical. ( )

c) subtropical. ( )

d) polar. ( )

3 No clima subtropical, os invernos são:

a) quentes. ( )

b) amenos. ( )

c) frios. ( )

d) praticamente não há inverno. ( )

4 Volte ao climograma da página 68 e assinale quais são e em que meses ocorrem as temperaturas mais altas e mais baixas no clima subtropical.

_____
_____
_____
_____

5 Qual é a vegetação predominante na Região Sul?

_____
_____
_____

6 Onde encontramos os Pampas? Eles são usados para quê?

_____
_____
_____

7 Como se deu a colonização no norte do Paraná?

_____
_____
_____

8 No Rio Grande do Sul a maioria dos imigrantes teve origem:

a) japonesa e italiana. ( )

b) alemã e polonesa. ( )

c) italiana e alemã. ( )

d) italiana e polonesa. ( )

9 Os imigrantes vieram para o Brasil e voltaram-se para o trabalho:

a) na indústria. ( )

b) na agricultura. ( )

c) no comércio. ( )

d) no comércio e na indústria. ( )

Paraná

O Paraná tem 10,6 milhões de habitantes e é um dos estados com maior crescimento econômico devido ao agronegócio e à rápida industrialização. A região metropolitana de Curitiba, que inclui cidades como São José dos Pinhais e Araucária, é uma importante área industrial e de serviços. Destacam-se setores como máquinas agrícolas, móveis, informática e autopeças. Montadoras de automóveis como a Renault e a Audi se instalaram no Paraná a partir da década de 1990 no município de São José dos Pinhais, onde também está localizado o principal aeroporto do estado.

Curitiba, capital do estado, é considerada uma das metrópoles com melhor qualidade de vida no Brasil. Há décadas, a prefeitura implantou um eficiente planejamento urbano. Porém, o crescimento econômico tornou a área metropolitana um centro de atração migratória, levando à urbanização desordenada em algumas áreas e à expansão de favelas.

Fonte: Adaptado de IBGE. *Atlas Escolar Geográfico*. São Paulo: IBEP/Nacional, 2008.

Fonte: Adaptado de IBGE. *Atlas Escolar Geográfico*. São Paulo: IBEP/Nacional, 2008.

O interior do Paraná destaca-se na agropecuária e na indústria de alimentos. O Paraná é grande produtor de soja, café, milho, trigo e algodão. Despontaram cidades ricas de porte médio como Londrina, Maringá e Cascavel. Grande parte da produção agrícola do Paraná, do Centro-Oeste e do Paraguai é transportada por rodovias até o Porto de Paranaguá para exportação.

Foz do Iguaçu, na divisa como o Paraguai, constitui um importante polo turístico devido à presença das Cataratas do Rio Iguaçu (Parque Nacional do Iguaçu) e da Hidrelétrica de Itaipu. A região também atrai grande número de visitantes que vão às compras na Cidade de Leste, centro comercial paraguaio. Um dos maiores problemas é a entrada de mercadorias contrabandeadas no Brasil.

Vista de Curitiba, capital do Paraná. É uma das metrópoles com melhor qualidade de vida do país e destaca-se pelo grande número de áreas verdes e parques.

71

Santa Catarina

Com 6,1 milhões de habitantes, Santa Catarina é um dos estados com melhor qualidade de vida no Brasil. Curiosamente, o estado não possui uma metrópole populosa e sim um conjunto de regiões metropolitanas comandadas por cidades médias.

Fonte: Adaptado de IBGE. *Atlas Escolar Geográfico*. São Paulo: IBEP/Nacional, 2008.

No nordeste catarinense, destaca-se a região metropolitana de Joinville, a cidade mais rica, populosa e industrializada do estado. Destacam-se a indústria mecânica e o desenvolvimento de *softwares* para computadores. No litoral, o Porto de São Francisco do Sul é responsável pelo escoamento da produção industrial, principalmente de Joinville, inclusive para a exportação.

Ao sul encontra-se a região metropolitana de Blumenau, localizada no Vale do Itajaí. A região engloba também municípios como Brusque e Pomerode, destacando-se na indústria têxtil e de confecções. As regiões de Blumenau e Joinville tiveram colonização alemã. No litoral, destaca-se o Porto de Itajaí.

Arquitetura alemã em Blumenau, vale do rio Itajaí.

72

No litoral central, situa-se a região metropolitana de Florianópolis, que engloba municípios como São José e Palhoça. Nesta região, prevaleceu a colonização de portugueses de origem açoriana. A capital do estado é um importante centro de serviços e polo de atração turística. Ao norte, a cidade de Balneário Camboriú também atrai turistas, inclusive argentinos durante o verão.

O litoral catarinense é líder em atividade pesqueira (peixe e camarão) e maricultura (cultivo de ostras e mariscos). A porção sul do território catarinense é marcada pela colonização italiana com produção de uva e vinho, destacando-se a região metropolitana de Criciúma. A região é produtora de carvão mineral que é transportado por ferrovia até o Porto de Imbituba no litoral. A produção de carvão é responsável por graves problemas de poluição dos recursos hídricos da região.

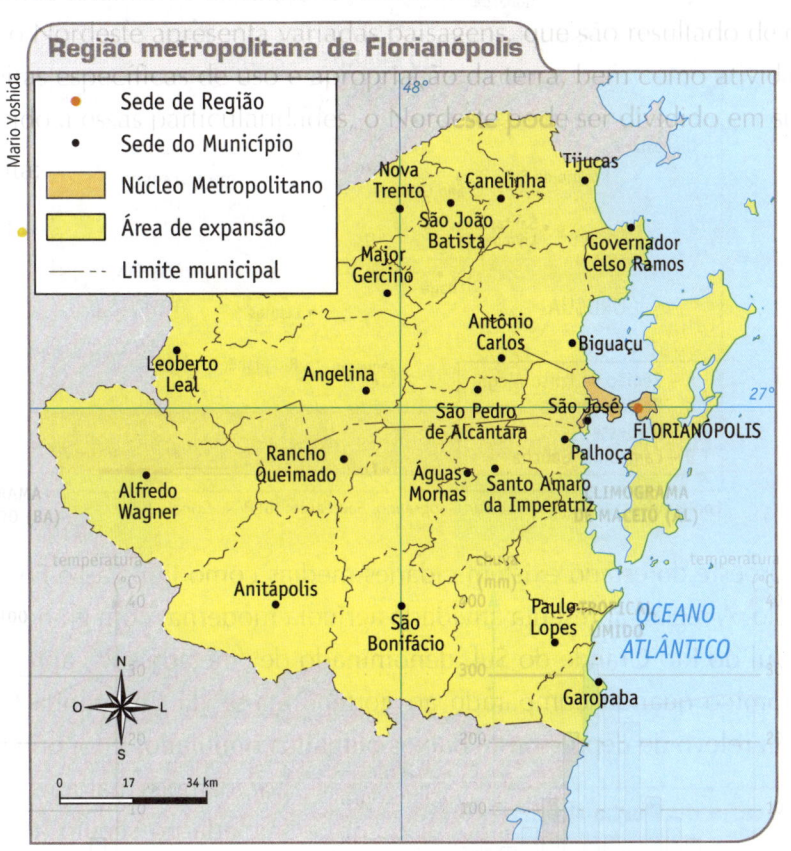

Fonte: Adaptado de *Atlas Escolar Geográfico*. São Paulo: IBEP/Nacional, 2008.

Rio Grande do Sul

Com 10,9 milhões de habitantes, o Rio Grande do Sul é o estado mais populoso e rico do sul do país. A região metropolitana de Porto Alegre constitui o mais importante polo de serviços e atividade industrial. Trata-se de uma região com forte influência da colonização portuguesa e alemã. No município de Canoas, localiza-se a refinaria de petróleo Alberto Paschoalini. As cidades de São Leopoldo e Novo Hamburgo são centros da indústria de artefatos de couro, tecidos e calçados. Em Gravataí, situa-se a fábrica de automóveis da multinacional General Motors.

A Região Serrana é uma das mais importantes do estado. Foi uma área de colonização italiana a partir do século XIX com prevalência de pequenas e médias propriedades e policultura. A boa distribuição de terras e de renda é um fator que ajuda a explicar a melhor qualidade de vida da população da região. A região é importante produtora de uva e vinho de excelente qualidade.

Destacam-se municípios como Caxias do Sul, Bento Gonçalves e Garibaldi. O relevo montanhoso e a cultura italiana tornaram cidades como Gramado e Canela importantes polos de atração turística, especialmente no inverno.

Rio Grande do Sul – principais cidades

A – Região de Porto Alegre
B – Região Serrana
C – Noroeste
D – Campanha Gaúcha

Fonte: Adaptado de *Atlas Escolar Geográfico*. São Paulo: IBEP/Nacional, 2008.

Na porção noroeste do estado existem cidades médias como Ijuí, Passo Fundo, Erechim, Cruz Alta e Santo Ângelo. A região apresenta atividade agrícola moderna, com grande produção de soja, milho e trigo. O sul do Rio Grande do Sul, denominado de "metade sul", apresenta menor desenvolvimento econômico quando comparado ao norte. Trata-se da Campanha Gaúcha ou Pampa. Esta área apresenta relevo de depressões e baixos planaltos ondulados e foi originalmente ocupada por campos naturais. A colonização foi iniciada no século XVIII por portugueses e baseou-se em grandes propriedades. A população de origem portuguesa deu início ao gaúcho típico. Trata-se de uma tradicional área de pecuária bovina de corte, associada a importantes frigoríficos. Também se destaca a criação de ovinos para a produção de lã e carne. A região atravessa um processo de diversificação econômica, a exemplo do crescimento da produção de uva e vinho no município de Santana do Livramento e imediações.

O vale do Rio Jacuí garante a liderança gaúcha na produção de arroz. Entre os

Região metropolitana de Porto Alegre

- Sede de Região
- Sede do Município
- Núcleo Metropolitano
- Área de expansão
- Limite municipal

Fonte: Adaptado de *Atlas Escolar Geográfico*. São Paulo: IBEP/Nacional, 2008.

municípios mais importantes da região estão Bagé, Uruguaiana e Pelotas. Em Rio Grande, no litoral, encontra-se um importante porto, responsável pelas exportações de produtos como carne, couro, lã e soja.

A agroindústria apresenta destaque nacional. Pequenos e médios produtores especializaram-se na criação de aves e suínos para a indústria alimentícia. Foi nessa região que surgiram grandes empresas como a Perdigão e a Sadia, que se fundiram em 2009, dando origem à Brasil Foods.

Silos para armazenagem de grãos no município de Quaraí, RS.

ATIVIDADES

1) Podemos dizer que a agricultura na Região Sul é:

a) moderna e intensiva. ( )

b) tradicional e extensiva. ( )

c) moderna e extensiva. ( )

d) tradicional e intensiva. ( )

2) Cite três características da agricultura da Região Sul.
___
___
___
___

3) Cite os principais produtos cultivados.
___
___
___
___

75

4 Qual é o principal estado criador de gado bovino?

_____

5 Qual é o principal produto cultivado no norte do Paraná?

_____

_____

6 Qual é a importância da soja plantada na Região Sul para a economia brasileira?

_____

_____

_____

7 Leia o texto a seguir e responda às questões sobre a Região Sul.

> Os núcleos de gringo-brasileiros tornaram-se importantes centros de produção de vinho, mel, trigo, batatas, cevada, lúpulo, legumes e frutas europeias, além do milho para a engorda de porcos (...). Acrescentaram-se, assim, à economia nacional os cultivos das zonas temperadas, aprimoraram velhas lavouras e, sobretudo, demonstraram o alto padrão de vida que podem fruir núcleos de pequenos proprietários quando habilitados a cultivar intensamente a terra e a beneficiar sua produção antes de comercializá-la. Consideradas as áreas ocupadas, essa economia granjeira permite manter uma população muitas vezes maior que a das zonas pastoris e mesmo das zonas agrícolas fundadas no latifúndio e assegurar-lhe um padrão de vida também muito alto.
>
> (Fonte: Ribeiro, Darcy. *O Povo Brasileiro*. São Paulo: Cia. das Letras, 1996.)

a) Quais são os estados brasileiros que apresentam as características levantadas no texto?

_____

_____

b) Essas áreas apresentam grandes propriedades e baixo padrão de vida? Justifique.

_____

_____

_____

c) Cite três atividades econômicas que podem ser encontradas nessas áreas.

___

8 Produza um texto sobre o estado do Rio Grande do Sul, utilizando os seguintes termos: Porto Alegre, vinho, calçados, Gravataí, turismo, arroz, Bento Gonçalves, carne bovina, ovinos, Porto de Rio Grande, Novo Hamburgo, automóveis, couro, Campanha Gaúcha, Região Serrana e soja.

___

Região Centro-Oeste

Aspectos gerais

A Região Centro-Oeste é formada pelos estados do Mato Grosso, Mato Grosso do Sul, Goiás e o Distrito Federal, sendo a segunda maior região brasileira, com 1,6 milhão de km² e pouco populosa, contando com cerca de 14 milhões de habitantes. O estado de Goiás é o mais populoso e Brasília a cidade com mais habitantes, com cerca de 2,5 milhões de habitantes.

O relevo do Centro-Oeste é marcado por planaltos e pela presença da Planície do Pantanal, a maior planície contínua do país. No Centro-Oeste predomina o clima tropical, com duas estações bem definidas, verões chuvosos e invernos secos, e temperaturas médias altas. Ao sul do Mato Grosso do Sul prevalece o clima tropical de altitude, com temperaturas

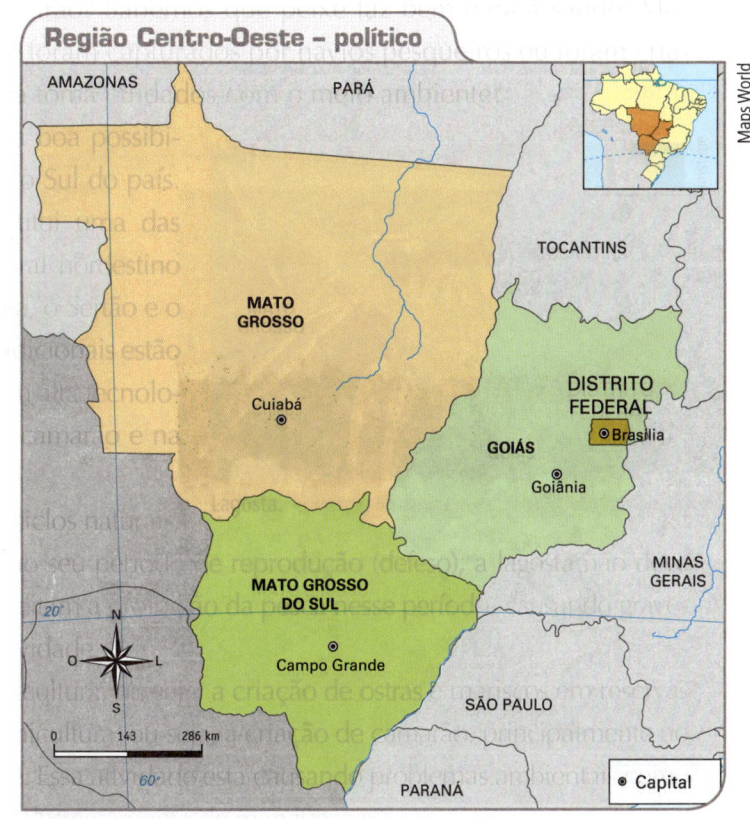

Fonte: IBGE. *Atlas Geográfico Escolar*. Rio de Janeiro: IBGE, 2009.

77

mais amenas por causa da altitude do relevo. No norte do Mato Grosso o clima é o equatorial, quente e úmido o ano todo, e a vegetação é a Floresta Amazônica.

A vegetação característica é o cerrado, com árvores esparsas, troncos retorcidos e vegetação rasteira. No inverno, pela falta de chuvas, a vegetação torna-se marrom. No Pantanal, temos uma vegetação complexa que apresenta elementos do cerrado, da Mata Atlântica, da Floresta Amazônica, matas ciliares, campos inundados, plantas hidrófilas, e uma fauna muito diversificada. Parte da região Centro-Oeste era recoberta pela Mata Atlântica.

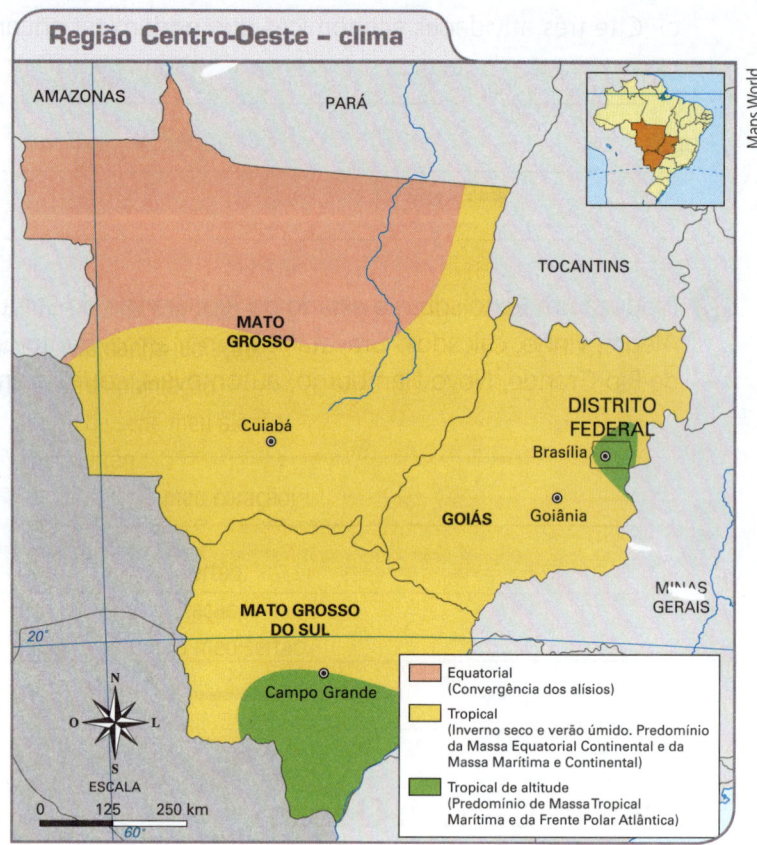

As atividades humanas têm provocado danos ao Pantanal, tais como o desmatamento, o aumento da erosão, o assoreamento dos rios, a contaminação dos rios por mercúrio (garimpo de ouro) e por agrotóxicos usados na agricultura, além da caça e pesca predatória. O cerrado também está muito devastado para dar lugar às plantações, principalmente de soja, e à criação de gado bovino. Estima-se que apenas 30% da área original coberta pelo cerrado ainda permaneça.

Região Centro-Oeste – clima

Fonte: *Atlas Geográfico Escolar*. Rio de Janeiro: IBGE, 2007.

Lagoa com bando de Tuiuiú Cabeça-Seca e Garça Branca no Pantanal

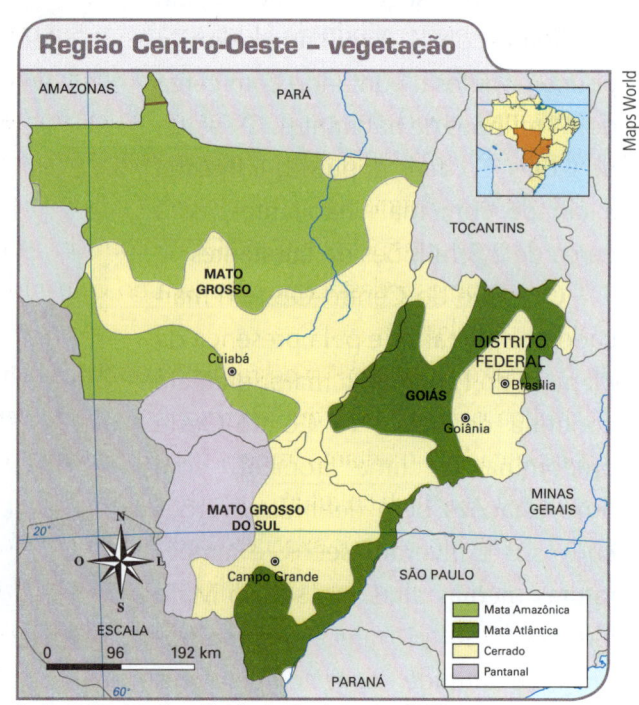

Região Centro-Oeste – vegetação

Fonte: IBGE. *Atlas Geográfico Escolar*. Rio de Janeiro: IBGE, 2007.

78

Você sabia?

Modelo alternativo para a ocupação do cerrado

- D reflorestamento
- vegetação natural de cerrado
- chapada
- mata ciliar
- pecuária
- agricultura
- vereda
- rio
- área úmida

Amarildo Diniz

Mato Grosso do Sul

Com apenas 2,3 milhões de habitantes, o estado de Mato Grosso do Sul apresenta baixa densidade demográfica, mas apresenta uma economia pujante e liderada pelo agronegócio. A capital, Campo Grande, já apresenta atração de indústrias, a maioria delas ligadas à agropecuária.

Mato Grosso do Sul foi criado em 1976 a partir da porção meridional do antigo Mato Grosso. É o estado com o maior rebanho bovino de corte do Brasil, sendo importante produtor e exportador de carne. Também destaca-se na agricultura com a produção de soja e trigo especialmente na região de Dourados.

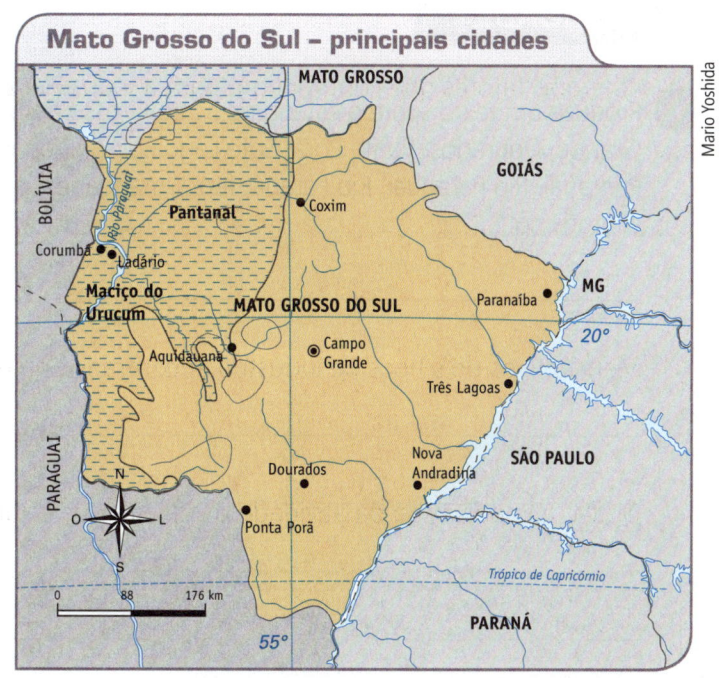

Mato Grosso do Sul – principais cidades

Mario Yoshida

Fonte: Com base em IBGE. *Atlas Geográfico Escolar*. Rio de Janeiro: IBGE, 2009.

A atividade mineradora é expressiva, com a exploração de ferro e manganês liderada pela Vale do Rio Doce no Maciço do Urucum, próximo ao Pantanal. No Pantanal, os portos de Corumbá e Ladário às margens do Rio Paraguai são responsáveis pelo transporte de minérios e produtos agropecuários.

Mato Grosso do Sul, mineração, Maciço do Urucum.

ATIVIDADE

1. Produza um texto sobre o estado de Mato Grosso do Sul, utilizando os seguintes termos: Campo Grande, Dourados, Ponta Porã, Sete Lagoas, Aquidauana, Ladário, Corumbá, Coxim, Bonito, Pantanal, Rio Paraguai, Rio Paraná, ferro, manganês, porto, indústria, soja, trigo, pecuária bovina e ecoturismo.

_____
_____
_____
_____
_____
_____
_____
_____

Mato Grosso

Com 3 milhões de habitantes, Mato Grosso tornou-se um dos estados líderes no agronegócio nos últimos anos. O estado já é o maior produtor nacional de soja e algodão, sendo importante produtor de milho, arroz e cana-de-açúcar.

A pecuária bovina de corte também teve vigorosa expansão. A atividade industrial também se expandiu na capital, Cuiabá, e em cidades do interior do estado como Rondonópolis, Sinop e Tangará da Serra.

A rápida expansão agropecuária tem sido responsável pelo intenso desmatamento do cerrado e da Floresta Amazônica, especialmente no norte do estado. A mesma expansão das fronteiras agrárias acaba por transformar os estados do Mato Grosso e Mato Grosso do Sul em zonas de atração populacional, sendo destino de migrantes em busca de terras e emprego. Na produção mineral, o estado destaca-se em diamantes, ouro e estanho.

Fonte: Com base em IBGE. *Atlas Geográfico Escolar*. Rio de Janeiro: IBGE, 2009.

Colheita mecanizada de algodão em Nova Mutum, MT.

Goiás

Na atualidade, Goiás é o estado mais rico e com maior população do Centro-Oeste, com 5,9 milhões de habitantes. No agronegócio, o estado é expressivo produtor de soja, cana-de-açúcar e milho, além de apresentar um grande rebanho bovino destinado à produção de carne e leite. Na produção mineral, destaca-se o minério de níquel em Niquelândia, norte do estado.

Nos últimos anos, Goiás está recebendo importantes investimentos industriais. Uma das áreas de atração é a região metropolitana de Goiânia, que engloba outras cidades como Aparecida de Goiânia e Trindade.

No interior, destaca-se o município de Rio Verde, no sul do estado, com a instalação da nova fábrica da Perdigão. Em Catalão, os investimentos concentram-se na indústria mecânica e automobilística, inclusive com a chegada da montadora Mitsubishi. Em Anápolis, destaca-se a montadora coreana Hyundai.

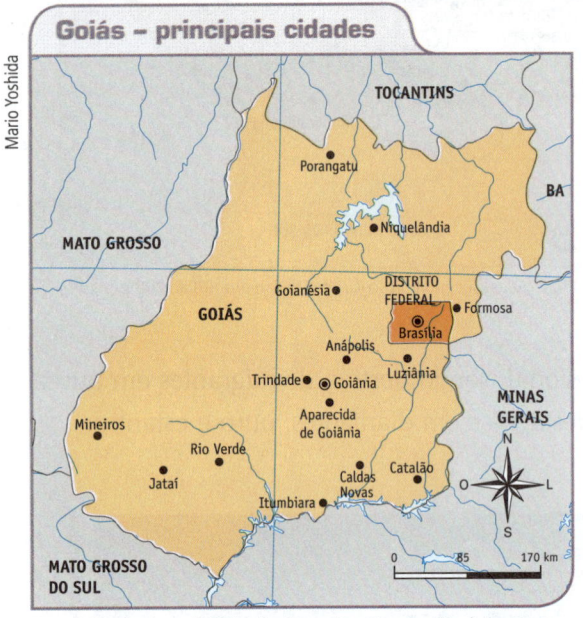

Fonte: Com base em IBGE. *Atlas Geográfico Escolar*. Rio de Janeiro: IBGE, 2009.

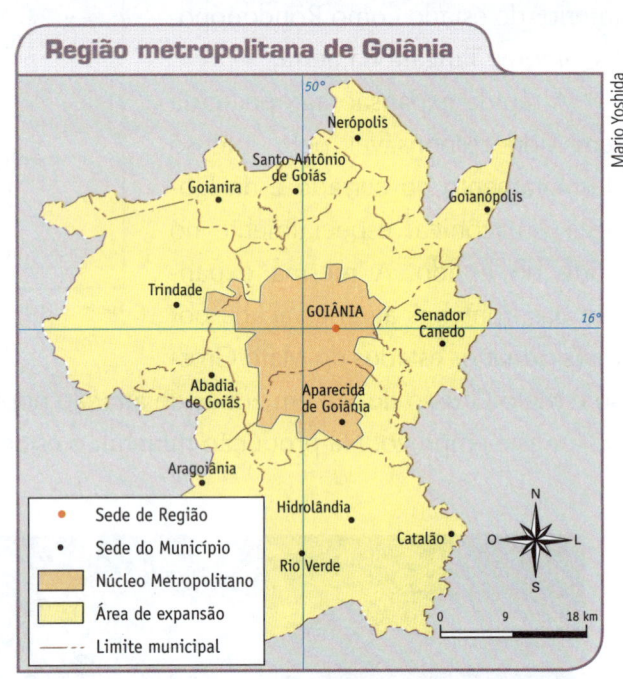

Fonte: Com base em *Atlas Escolar Geográfico*. São Paulo: IBEP/Nacional, 2008.

Pecuária bovina.

Distrito Federal

A nova capital do país, Brasília, foi inaugurada em 1960. A capital localiza-se no Distrito Federal, cujo território apresenta o formato de um retângulo entre Goiás e Minas Gerais. A construção de Brasília atraiu um grande número de imigrantes, estimulando a ocupação da porção central do país.

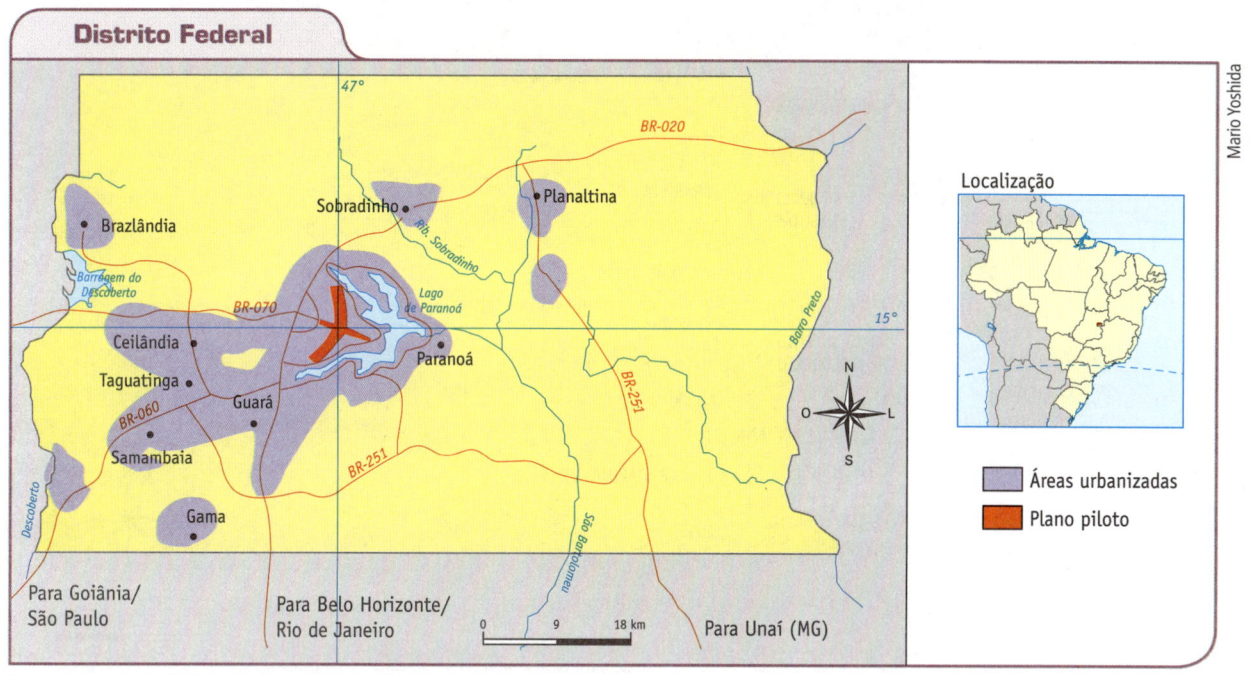

Distrito Federal

Fonte: Adaptado de IBGE. *Atlas Geográfico Escolar*. Rio de Janeiro: IBGE, 2009.

Hoje, o Distrito Federal apresenta uma população bem maior do que o previsto no plano original, 2,6 milhões de habitantes. Assim, constitui a unidade da federação com maior densidade demográfica, 440 habitantes por km². A cidade concentra o poder político federal nas esferas do Executivo, Legislativo e Judiciário. Também constitui a sede de importantes instituições como o Banco do Brasil.

O Distrito Federal apresenta os melhores indicadores de renda per capita, educação e saúde do país. Porém, existem enormes desigualdades sociais internas. No plano piloto de Brasília, com planejamento rigoroso e arquitetura monumental, moram os políticos e funcionários públicos das classes alta e média.

Os trabalhadores mais pobres moram nas cidades-satélites, hoje núcleos das regiões administrativas do Distrito Federal. Essas áreas urbanas apresentam infraestrutura precária, sendo semelhantes aos bairros periféricos de cidades como São Paulo. Como podemos observar no mapa anterior, as cidades-satélites ficam distantes do plano piloto. Diariamente, parte desses trabalhadores desloca-se para o plano piloto, onde trabalham.

No Distrito Federal, ocorrem graves problemas de especulação fundiária e imobiliária. O problema não se restringe aos mais pobres. Os mais ricos chegam a invadir ilegalmente terrenos públicos, construindo mansões e casas de veraneio.

Na atualidade, Brasília é o principal núcleo de uma região metropolitana chamada Ride (Região Integrada de Desenvolvimento do Distrito Federal e Entorno). A Ride é um exemplo de região metropolitana onde não ocorre conurbação. O governo criou a Ride com o objetivo de organizar os serviços públicos comuns ao Distrito Federal e municípios de seu entorno pertencentes a Goiás e Minas Gerais como Águas Lindas de Goiás, Luziânia e Buritis.

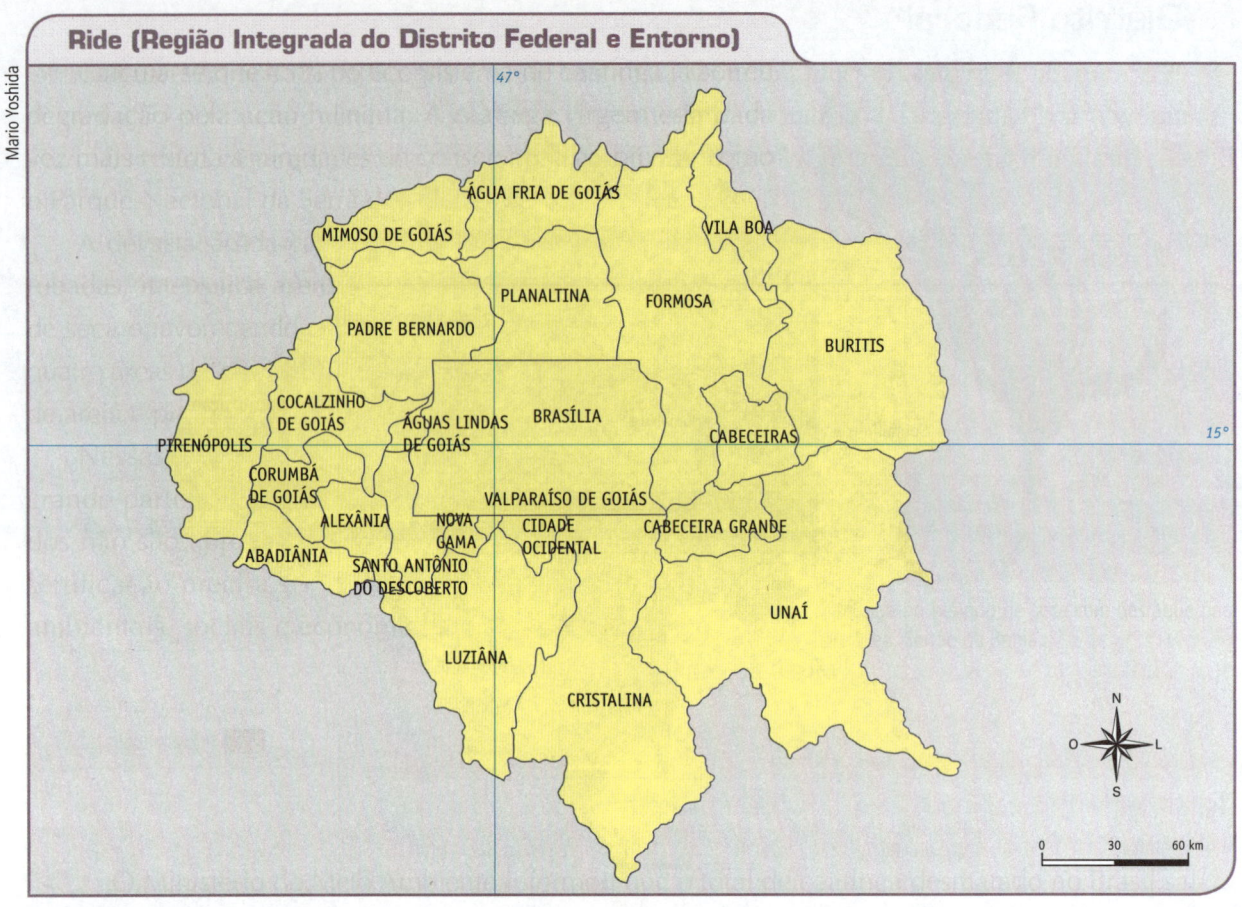

Ride (Região Integrada do Distrito Federal e Entorno)

Fonte: Adaptado de IBGE. *Atlas Geográfico Escolar*. Rio de Janeiro: IBGE, 2009.

ATIVIDADES

1 Descreva as principais atividades econômicas desenvolvidas no Centro-Oeste.

_____
_____
_____
_____

2 Caracterize o clima, a vegetação e o relevo da Região Centro-Oeste.

_____
_____
_____
_____
_____

3 Analise o mapa a seguir e explique a importância dos estados da Região Sul na produção de laticínios no Brasil.

Brasil – laticínios

• Município com mais de três indústrias de laticínios

Fonte: Com base em IBGE. *Atlas Geográfico Escolar*. Rio de Janeiro: IBGE, 2009.

4 Escreva sobre a distribuição geográfica da produção de milho no Brasil com base no mapa a seguir.

Brasil – milho

Produção municipal (1000t)
- 10,0 a 50,0
- 50,1 a 500,0
- 500,1 a 755,7

Fonte: Com base em IBGE. *Atlas Geográfico Escolar*. Rio de Janeiro: IBGE, 2009.

85

5 Produza um texto sobre a distribuição geográfica do acesso aos telefones celulares a partir da interpretação do mapa a seguir.

Brasil – telefonia móvel (celular)

Fonte: Adaptado de IBGE. *Atlas Geográfico Escolar*. Rio de Janeiro: IBGE, 2009.

6 Explique a distribuição dos shoppings centers no Brasil a partir da interpretação do mapa a seguir.

Brasil – shoppings centers

Número de estabelecimentos: 1; 2; de 3 a 5; de 7 a 11; 23; 35

Fonte: Com base em FERREIRA, Graça Maria Lemos. *Atlas geográfico espaço mundial*. São Paulo: Moderna, 2009.

86

Capítulo 5
A REGIÃO NORDESTE

A Região Nordeste apresenta grandes contrastes naturais e socioeconômicos. Muitos dos seus problemas estão ligados ao seu passado histórico e começam a ser superados. A natureza é um fator importante para sua economia, como, por exemplo, as belas praias do litoral para o crescimento do turismo nessa região.

Cultivo de uva no Vale do Rio São Francisco.

Aspectos gerais

Integram a Região Nordeste a totalidade dos estados da Bahia, Sergipe, Alagoas, Pernambuco, Paraíba, Rio Grande do Norte, Ceará e Piauí e Maranhão.

O processo de ocupação do espaço no Nordeste remonta ao início do período colonial, marcado pela monocultura de cana-de-açúcar no litoral e pela pecuária bovina no Vale do Rio São Francisco.

Fonte: IBGE. *Atlas Geográfico Escolar*. Rio de Janeiro: IBGE, 2009.

Vista noturna da Praia de Boa Viagem da cidade de Recife.

A partir de meados do século XVII, em virtude da decadência da atividade da cana-de-açúcar, a região perdeu parte de sua importância econômica.

A Região Nordeste apresenta menor produção econômica quando comparada ao Centro-Sul. Isto é, a região apresenta menor quantidade e diversidade das formas geográficas e redes técnicas e científicas, como cidades, fábricas, campos de cultivo, hidrelétricas, rodovias e telecomunicações.

Ao longo do tempo, a região se caracterizou pela frágil articulação econômica interna, já que parte substancial da produção econômica é destinada ao abastecimento das regiões Sudeste e Sul e também para as exportações.

Porém, a situação econômica do Nordeste está melhorando desde a última década. A economia da região teve um crescimento acima da média nacional e com vigoroso aumento de seu mercado interno devido à redução do desemprego e ao aumento da renda.

Sub-regiões do Nordeste

Você já deve ter visto na televisão ou em alguma revista uma imagem do Nordeste combinando solo seco, vegetação de caatinga e populações carentes. Muitas pessoas acham que o Nordeste é inteiramente caracterizado pelas secas avassaladoras e pela vegetação espinhenta. Na verdade, essa visão não corresponde totalmente à realidade nordestina.

Na realidade, o Nordeste apresenta variadas paisagens, que são resultado de diferentes atributos naturais, maneiras específicas de uso e apropriação da terra, bem como atividades econômicas diferenciadas. Devido a essas particularidades, o Nordeste pode ser dividido em sub-regiões:

- Zona da Mata;
- Meio-Norte;
- Agreste;
- Sertão.

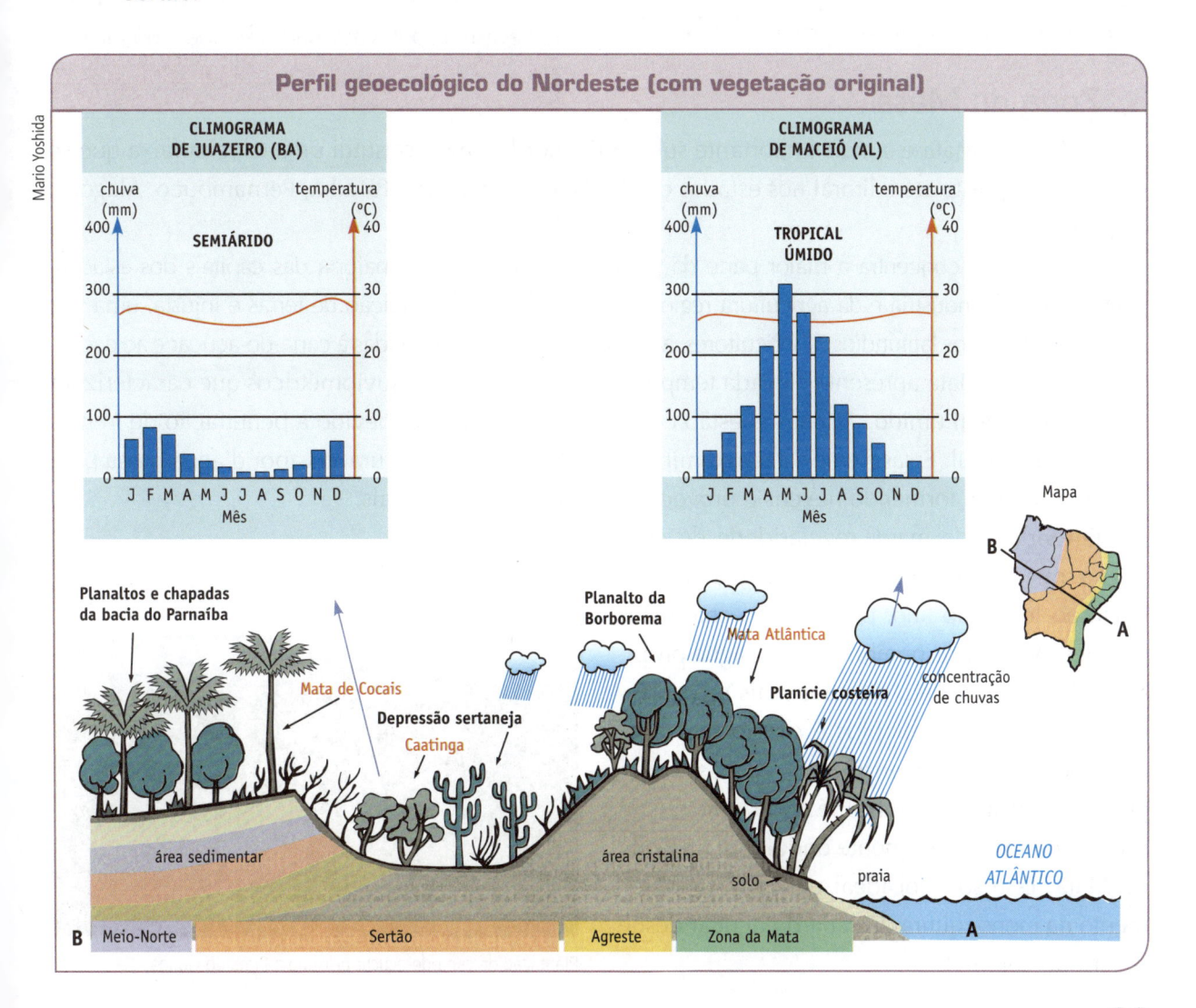

Perfil geoecológico do Nordeste (com vegetação original)

89

Inicialmente, as características do meio ambiente, como o clima, a vegetação, o relevo e o tipo de solo ajudam a delimitar as fronteiras entre as sub-regiões. No esquema a seguir, você pode observar a influência do relevo na distribuição da umidade e das chuvas.

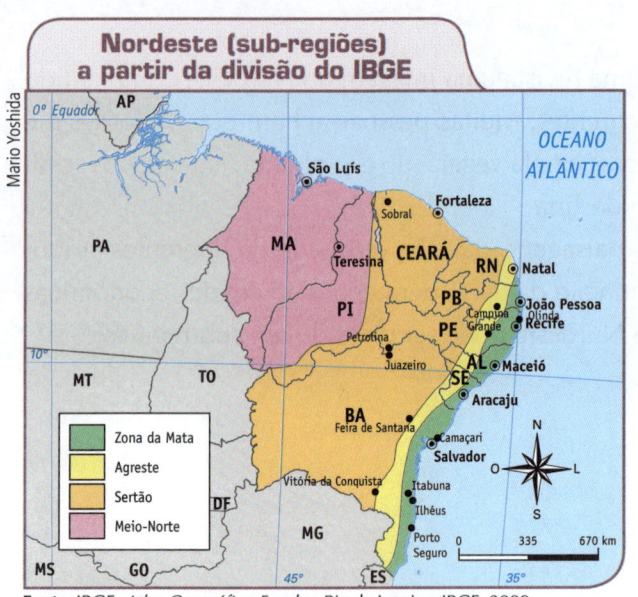

O Planalto da Borborema, localizado em Pernambuco, Paraíba e Alagoas, dificulta a entrada da umidade (massas de ar Tropical Atlântica e Polar Atlântica) na Depressão Sertaneja. Isso ajuda a explicar a prevalência do clima semiárido e das secas no Sertão e a excessiva umidade na Zona da Mata. No Planalto da Borborema são comuns as chuvas orográficas, isto é, provocadas por barreiras de relevo.

Também podemos observar que os elementos da natureza dependem uns dos outros. O esquema da página anterior mostra a vegetação original de cada sub-região antes da interferência humana. Nos dias de hoje, a maior parte dessa vegetação foi bastante alterada ou completamente devastada pelas atividades socioeconômicas.

Fonte: IBGE. *Atlas Geográfico Escolar*. Rio de Janeiro: IBGE, 2009.

Zona da Mata

A Zona da Mata é a mais importante sub-região nordestina. Constitui uma estreita faixa que se estende do Agreste até o litoral nos estados do Rio Grande do Norte, Paraíba, Pernambuco, Alagoas, Sergipe e Bahia.

A sub-região concentra a maior parte da população nordestina, a maioria das capitais dos estados, grande parte da indústria e da agricultura regional. No campo, a distribuição de terras é injusta, uma vez que predominam os latifúndios monocultores, a exemplo das áreas destinadas à cana-de-açúcar e ao cacau.

A Zona da Mata apresenta elevada temperatura e altos índices pluviométricos que caracterizam um clima tropical úmido. As chuvas estão concentradas no inverno devido à penetração de frentes frias vindas do Sul. Essas frentes fazem diminuir um pouco a temperatura, o vapor d'água passa para o estado líquido, formando nuvens e provocando fortes chuvas frontais.

Em virtude da maior regularidade de chuvas, a maioria dos rios consegue manter seu curso ao longo do ano, por isso são chamados perenes. A maior disponibilidade de água propicia o desenvolvimento de solos mais profundos e férteis. Um dos exemplos é o solo massapé, formado pelo intemperismo de rochas como granito e calcário. O massapé ocupa áreas com relevo colinoso (suavemente ondulado) na Zona da Mata. Esse solo foi ideal para o estabelecimento da monocultura da cana-de-açúcar desde o período colonial.

Plantação de cana-de-açúcar próximo a Praia do Gunga

A vegetação original era a Mata Atlântica, adaptada ao calor e à acentuada umidade. Atualmente, restam apenas 5% da floresta original distribuída por pequenos fragmentos. Assim, muitas espécies de plantas e animais correm risco de extinção se não forem rigorosamente protegidas. A maior parte da floresta foi devastada ao longo do tempo e substituída por áreas agrícolas e urbanas.

Cana-de-açúcar

Existem três polos econômicos na Zona da Mata. O primeiro é a zona canavieira, que se estende do Rio Grande do Norte até Alagoas. Esse polo é dominado pela agroindústria da cana-de-açúcar. Além da tradicional produção de açúcar, também é produzido álcool combustível. O incentivo ao álcool levou à modernização da produção e à ampliação das áreas canavieiras.

Cacau

O segundo polo econômico é o sul da Bahia, área marcada pela monocultura de cacau para o mercado interno brasileiro e para a exportação. A amêndoa do cacau é utilizada na produção de chocolate.

Na década de 1990, a área atravessou uma grave crise socioeconômica em decorrência do baixo preço do produto no mercado internacional e da expansão da praga vassoura-de-bruxa. Na verdade, trata-se de um fungo que ataca os cacaueiros e inviabiliza o desenvolvimento do fruto.

O cacaueiro é uma planta de origem amazônica que sobrevive, de preferência, na sombra. Por isso, os fazendeiros conservaram as árvores altas da Mata Atlântica, a fim de fazer sombra para os cacaueiros. Na época da crise, muitos cacaueiros foram removidos juntamente com a Mata Atlântica, dando lugar à pecuária bovina extensiva e pouco produtiva.

Cacaueiro com frutos no sul da Bahia.

As consequências foram graves, pois houve a intensificação das derrubadas da Mata Atlântica no sul do Bahia. Também aconteceu o aumento do desemprego nas áreas que eram destinadas ao cultivo de cacau. Na década de 2000, a produção foi recuperada graças ao uso da biotecnologia. Houve a contenção da praga e a produção de cacau voltou a crescer.

Silvicultura

No sul da Bahia, principalmente na região de Porto Seguro, expandem-se as áreas de reflorestamento de eucaliptos voltadas para a produção de papel e celulose em grandes empresas como a Aracruz e a Veracel. A expansão dessas florestas plantadas gera polêmica na Bahia, Espírito Santo e Rio Grande do Sul.

O eucalipto é uma espécie exótica (estrangeira) e seu plantio em série reduz a biodiversidade local. Além disso, a planta absorve grande parte da água existente no solo. Alguns ambientalistas chamam essas áreas de reflorestamento comercial de "deserto verde" devido à baixa biodiversidade e à prevalência de espécies exóticas como os pinheiros e eucaliptos.

Reflorestamento de eucalipto.

Indústria

A partir da década de 1950, o governo federal empreendeu políticas de desenvolvimento voltadas para as regiões mais pobres do país. A industrialização nordestina foi incentivada por meio da criação da Sudene (Superintendência para o Desenvolvimento do Nordeste) em 1957 pelo governo de Juscelino Kubitschek. Assim, houve o desenvolvimento de polos industriais nas regiões metropolitanas de Salvador, Recife e Fortaleza.

A exploração de petróleo e gás natural no Recôncavo Baiano e na plataforma continental na Bahia, Sergipe e Rio Grande do Norte estimulou a atividade industrial. Assim nasceu o polo petroquímico do município de Camaçari, localizado nas proximidades de Salvador.

Aspecto do polo petroquímico de Camaçari, na Bahia. Camaçari tornou-se o município mais rico da Bahia devido à concentração industrial, 1994.

Também destacam-se o centro industrial de Aratu e a refinaria de petróleo da Petrobras em Lauro de Feitas. A indústria petroquímica é responsável pela transformação do petróleo em derivados como gasolina, óleo diesel, querosene e plásticos.

Um dos problemas é que grande parte da produção industrial vincula-se ao mercado consumidor das regiões Sul e Sudeste. Nos últimos anos, o governo federal e o dos estados nordestinos estão incentivando a migração de indústrias para a região. As vantagens seriam os baixos impostos e os salários mais baixos pagos aos nordestinos. Um dos exemplos foi a instalação da fábrica da Ford em Camaçari na década de 1990.

A região metropolitana do Recife também apresenta relevante atividade industrial e destaca-se na produção de tecidos e alimentos. Nos anos 2000, foi construída a refinaria de petróleo Abreu e Lima na região portuária de Suape, investimento da Petrobras e da PDVSA (Petróleos da Venezuela S/S). No Ceará, destacam-se Fortaleza e cidades do interior como Sobral nos setores de calçados e tecidos.

Softwares no Nordeste

Emergem no Nordeste importantes polos de alta tecnologia em informática. Em Pernambuco, profissionais qualificados elaboraram um projeto para revitalizar a região portuária e o centro antigo do Recife com a implantação de empresas de alta tecnologia.

O projeto teve apoio da prefeitura e do governo do estado, tendo grande êxito. Assim nasceu o Porto Digital no Recife, um polo de empresas que desenvolvem *softwares* para computadores que atende ao mercado interno e externo. Outro exemplo de sucesso é a indústria de *softwares* de Campina Grande (PB), localizada na sub-região do Agreste.

Região do Porto Digital no Recife, 2002.

Você sabia?

Pesca e carcinicultura no Nordeste

Você gosta de comer peixe? E camarão? Sabemos que peixe faz bem para a saúde. Mas você já imaginou de onde eles vêm? Se foram capturados por navios pesqueiros ou foram criados em cativeiro? A atividade pesqueira toma cuidados com o meio ambiente?

Se você já comeu peixe, existe uma boa possibilidade de ele ter vindo do Nordeste ou do Sul do país. No Nordeste, a pesca tradicional constitui uma das principais atividades econômicas no litoral nordestino como um todo, incluindo a Zona da Mata, o Sertão e o Meio-Norte. Entretanto, os pescadores tradicionais estão sendo superados pela pesca realizada com alta tecnologia. O Nordeste destaca-se na pesca do camarão e na captura da lagosta.

Lagosta.

Outro problema é o desrespeito aos ciclos naturais. Em boa parte do ano, que corresponde ao seu período de reprodução (defeso), a lagosta não deve ser pescada. No entanto, muitos não respeitam a proibição da pesca nesse período, causando graves danos à espécie e ao futuro da própria atividade.

Nos últimos anos expandiu-se a maricultura, ou seja, a criação de ostras e mariscos em reservas extrativistas. Também se expandiu a carcinicultura, ou seja, a criação de camarão, principalmente no litoral do Ceará e do Rio Grande do Norte. Essa atividade está causando problemas ambientais como a contaminação da água por resíduos e o desmatamento de manguezais.

ATIVIDADES

1 Identifique o tipo de clima e as questões sociais do Sertão Nordestino destacadas na música a seguir.

Asa-branca

Quando olhei a terra ardendo igual fogueira de São João,
Eu perguntei a Deus do céu, ai! por que tamanha judiação.
Que braseiro! Que fornalha! Nenhum pé de plantação.
Por falta d'água perdi meu gado, morreu de sede meu alazão;
Até mesmo a asa-branca bateu asas do sertão.
Então, eu disse: Adeus, Rosinha! Guarda contigo meu coração;
Hoje longe, muitas léguas, numa triste solidão,
Espero a chuva cair de novo pra eu voltar pro meu sertão.
Quando o verde dos teus olhos se espalhar na plantação,
Eu te asseguro, não chores não, viu? Eu voltarei pro meu sertão.

Luiz Gonzaga/Humverto Teixeira, *O melhor de Luiz Gonzaga*. 1997.

2 Cite os estados que integram a Região Nordeste.

3 Baseando-se no perfil geoecológico do Nordeste (teoria), explique o papel do relevo na distribuição da chuva e da vegetação original das sub-regiões nordestinas.

4 A partir da análise dos mapas a seguir e de seus conhecimentos, responda aos itens.
O mapa **A** apresenta a cobertura vegetal atual do Nordeste e as áreas desmatadas. O mapa **B** apresenta a ampliação das áreas com secas mais prolongadas no Sertão, Meio-Norte e Agreste.

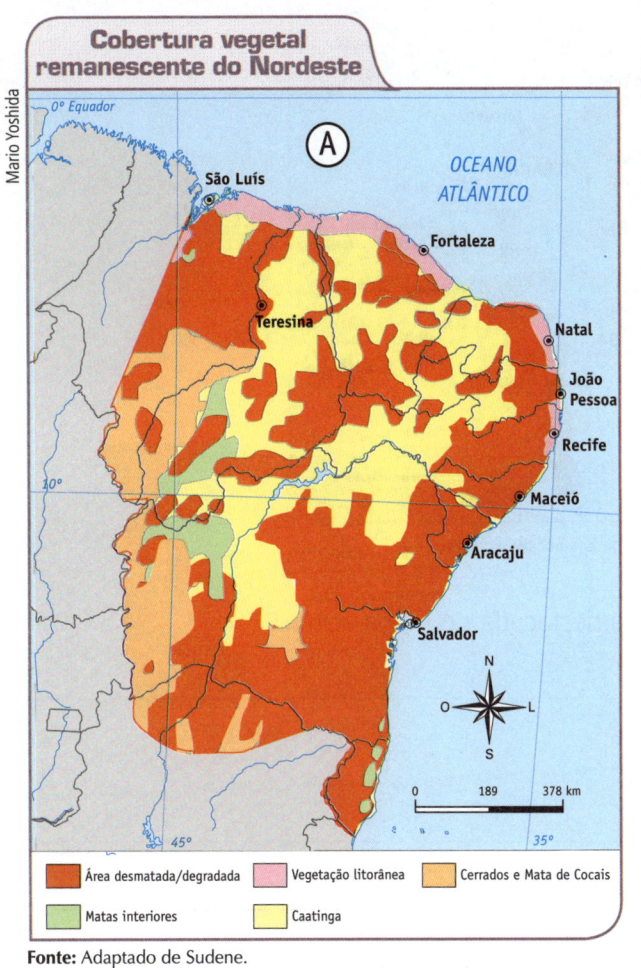

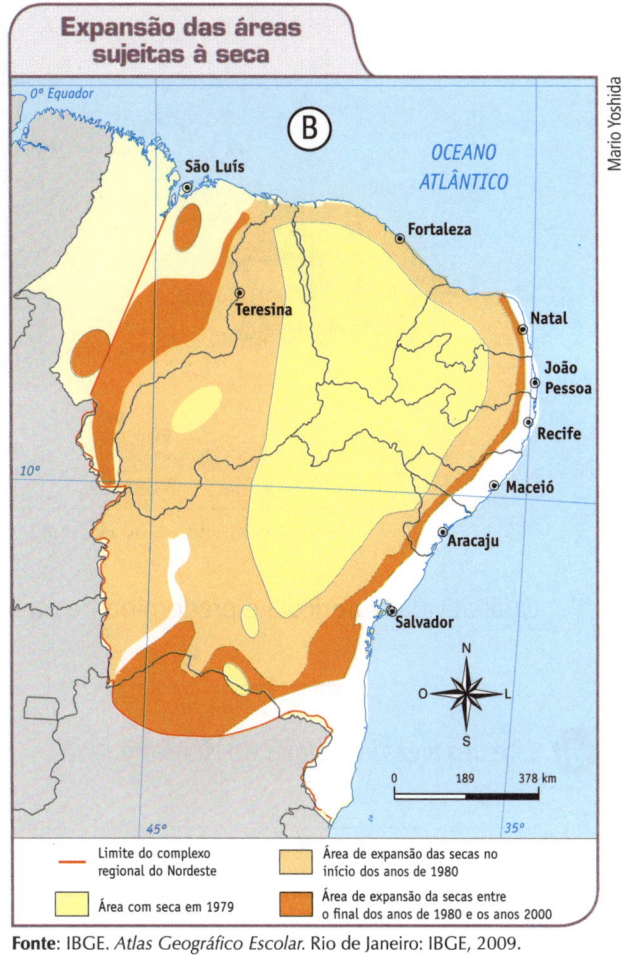

Cobertura vegetal remanescente do Nordeste

Legenda mapa A:
- Área desmatada/degradada
- Vegetação litorânea
- Cerrados e Mata de Cocais
- Matas interiores
- Caatinga

Fonte: Adaptado de Sudene.

Expansão das áreas sujeitas à seca

Legenda mapa B:
- Limite do complexo regional do Nordeste
- Área com seca em 1979
- Área de expansão das secas no início dos anos de 1980
- Área de expansão das secas entre o final dos anos de 1980 e os anos 2000

Fonte: IBGE. *Atlas Geográfico Escolar*. Rio de Janeiro: IBGE, 2009.

a) Existe relação entre o desmatamento e a ampliação das áreas de seca?

b) É correto dizer que a seca é apenas um fenômeno causado pela natureza? Justifique.

c) Mencione uma área ou estado onde houve desmatamento e expansão da seca.

95

5. A respeito da atividade agrícola destacada no mapa abaixo, responda à questão a seguir.

Nordeste – cacau

Fonte: IBGE. *Atlas Geográfico Escolar*. Rio de Janeiro: IBGE 2009.

Qual atividade agrícola é predominante na área destacada no mapa acima?
_____

6. Cite três áreas industriais do Nordeste.
_____
_____

7. Liste dois fatores que contribuíram para a industrialização do Nordeste.
_____
_____
_____

8. Mencione os dois tipos de indústria encontrados na região metropolitana de Salvador.
_____

9. Qual é a importância da atividade pesqueira nos estados do Nordeste?
_____
_____
_____
_____

Agreste

Entre o Sertão e a Zona da Mata ocorre uma faixa intermediária denominada Agreste. Grande parte dessa sub-região apresenta relevo mais elevado, com destaque para o Planalto da Borborema. Trata-se de uma zona de transição, o clima é tropical e a vegetação apresenta mistura de elementos da Mata Atlântica e da Caatinga. Uma das formações vegetais encontradas na região é a mata decídua, ou seja, que perde a folhagem na estação seca. Mesmo assim, a maior parte dos ecossistemas do Agreste foi devastada e substituída por áreas agropecuárias e urbanas.

Essa sub-região apresenta razoável povoamento e presença mais significativa de pequenas e médias propriedades. A agricultura diferencia-se da Zona da Mata por ser mais diversificada, isto é, prevalece a policultura: algodão, milho, mandioca, sisal, fumo e feijão. O produto agrícola mais importante é o algodão. A produção concentra-se em trechos do Agreste e em áreas mais úmidas do Sertão dos estados do Rio Grande do Norte, Paraíba e Ceará. O Agreste também é uma tradicional área de pecuária leiteira bovina e caprina.

Muitas cidades do Agreste surgiram de grandes feiras que comercializavam produtos locais e das demais sub-regiões nordestinas. Até hoje essas cidades possuem vocação para o comércio popular. São elas: Campina Grande (PB), Caruaru (PE) e Feira de Santana (BA).

Artesanato em feira de cidade nordestina.

Meio-Norte

O Meio-Norte abrange parte dos estados do Maranhão e Piauí. É uma sub-região de transição entre o Sertão semiárido e a Amazônia equatorial úmida. Apresenta clima tropical com vegetação bastante diversificada. Ocorre um mosaico de formações vegetais, no qual predominam o Cerrado e a Mata de Cocais. A Mata de Cocais é caracterizada pela prevalência de palmeiras. As mais comuns são os buritizais, os babaçuais e os carnaubais.

No Maranhão, as atividades industriais e de serviços concentram-se na região metropolitana de São Luís. Um dos setores industriais em expansão é a siderurgia (produção de ferro e aço) devido à presença da ferrovia que transporta minério de ferro proveniente de Carajás (PA) até o Porto de Itaqui. Nas áreas rurais, destaca-se a produção de arroz, soja e a pecuária bovina extensiva.

Extrativismo do babaçu e carnaúba

As áreas rurais mais pobres apresentam economia baseada no extrativismo vegetal e na agricultura de subsistência. Comunidades extrativistas dependem da conservação dos babaçuais e carnaubais.

No Maranhão predomina o babaçu. O trabalho de coleta e quebra do coco babaçu é liderado pelas mulheres, as "quebradeiras do coco babaçu". Do coco é extraída uma amêndoa que, por sua vez, é utilizada na produção de óleo que é utilizado pela indústria de alimentos (margarina), cosméticos (sabonetes), produtos de limpeza (sabão) e lubrificação de aparelhos eletrônicos.

Já a carnaúba, prevalecente no Piauí e trechos do litoral do Ceará, também é uma palmeira com múltiplas utilidades. É conhecida como "árvore da providência", porque dela tudo se aproveita. Das folhas de carnaúba extrai-se uma cera utilizada na fabricação de produtos como velas, vernizes e cosméticos (batons). As raízes têm valor medicinal no combate ao reumatismo.

As folhas do babaçu e da carnaúba são utilizadas no revestimento de casas e na produção de variados produtos artesanais, como vassouras, cestos, esteiras,

Concentração de carnaúbas em zona rural do Piauí.

chapéus e cordas. Na maior parte das vezes, as casas são inteiramente construídas a partir da madeira e das folhas dessas palmeiras. Algumas árvores são utilizadas até como postes de iluminação.

As comunidades rurais dependem da Mata de Cocais para sua sobrevivência, colocando em prática o desenvolvimento sustentável. São comunidades que lutam pela conservação dessa floresta contra o avanço do desmatamento promovido por latifundiários inescrupulosos. Nesse contexto, as quebradeiras do coco babaçu têm papel importante, pois participam de cooperativas que estão elaborando diversos produtos que apresentam maior valor, a exemplo dos sabonetes naturais.

Sertão semiárido

O Sertão é a maior sub-região do Nordeste. Quando analisamos o perfil geoecológico do Nordeste, observamos que o Planalto da Borborema dificulta a penetração dos ventos úmidos na Depressão Sertaneja. Desse modo, o Sertão apresenta menor umidade e quantidade de chuvas, definindo um clima semiárido. Nessa sub-região, as secas ou estiagens são mais prolongadas.

Devido à escassez de água na superfície, a maioria dos rios é temporária (intermitente), ou seja, seca nos períodos em que as chuvas ficam escassas. Como você pode observar na foto ao lado, o leito dos rios fica completamente seco, com a presença de incontáveis rachaduras.

No Sertão, o relevo é dominado por depressões pontuadas por morros com rochas cristalinas que resistiram à erosão. Esses morros foram denominados "inselbergs".

Ponte sobre o Rio Riacho Grande, Casa Nova, Bahia.

Inselbergs, inclusive a formação "galinha choca" no interior do Ceará.

Também destacam-se os lajedos, grandes áreas com rochas cristalinas expostas na superfície, muitas delas com formas de relevo peculiares como o Lajedo do Pai Mateus na Paraíba.

No Sertão, também podem ser encontradas chapadas e cuestas, a maioria com rochas sedimentares. São exemplos a Chapada Diamantina (BA) e a Chapada do Araripe (CE).

No semiárido, o solo é menos desenvolvido devido à menor infiltração de água. Em alguns locais, é bastante pedregoso. Mesmo assim, alguns solos do Sertão apresentam razoável fertilidade e tornam-se produtivos com medidas como a irrigação.

Para resistir à seca, a vegetação de caatinga está plenamente adaptada, sendo formada por plantas xerófilas. O termo caatinga é de origem indígena e significa "mata branca", em virtude de seu aspecto ressequido e coloração cinza-esbranquiçada. As cactáceas, como o mandacaru e o xique-xique, possuem espinhos em vez de folhas. Desse modo, diminuem a perda de água por transpiração e conservam água no interior de seus organismos.

Nos períodos mais secos, muitas plantas perdem totalmente as folhas, por isso recebem o nome de decíduas ou caducifólias. Nesse caso, a finalidade também é conservar água e evitar perdas para a atmosfera. Para absorver água do solo, as plantas desenvolveram raízes profundas, que captam água dos lençóis de água subterrâneos.

O juazeiro é uma das poucas espécies da caatinga que não perdem as folhas no período seco. Tem grande utilidade no Sertão. É utilizado como vegetal forrageiro, isto é, serve para alimentar o gado. Substâncias da casca são usadas no combate à febre e até como tônico capilar.

Muitos pensam que a caatinga é uma formação vegetal de baixo porte. Na verdade, pode apresentar uma notável diversidade de formações. Ocorrem desde formações arbóreas (predomínio de árvores) até formações arbustivas (arbustos e plantas de menor porte). O ecossistema de caatinga apresenta uma grande diversidade de espécies de plantas e animais adaptados aos rigores do clima.

Lajedo do Pai Mateus, formas de relevo peculiares esculpidas pelo intemperismo físico e erosão eólica.

A devastação da caatinga e a desertificação

Calcula-se que 45% do ecossistema de caatinga já sofreu degradação pela ação humana. A caatinga virgem está cada vez mais restrita às unidades de conservação ambiental como o Parque Nacional da Serra da Capivara (PI).

A devastação da caatinga, por meio de queimadas e derrubadas, intensifica a erosão do solo, ampliando os períodos de seca e favorecendo a desertificação. O Sertão já apresenta quatro áreas desertificadas, onde o solo cedeu lugar para dunas de areia e profundos buracos escavados pela erosão.

Nessas áreas, a situação é dramática, pois se perdeu grande parte da biodiversidade natural e os solos degradados não são apropriados para a agricultura. Portanto, a desertificação precisa ser evitada, uma vez que traz prejuízos ambientais, sociais e econômicos.

Caatinga no período de seca com destaque para cactácea, Sertão da Bahia.

Você sabia?

Desmatamento na caatinga brasileira

O Ministério do Meio Ambiente informou que o total de caatinga desmatado no Brasil saltou de 43,38% em 2002 para 45,39% em 2008, o que significa que 16576 km² de vegetação já foram extraídos. A área equivale a onze vezes o tamanho de São Paulo, a maior cidade do país. Entre 2002 e 2008, a taxa média de desmatamento foi de 2763 km² por ano.

Segundo mapeamento do Instituto Brasileiro do Meio Ambiente e dos Recursos Naturais Renováveis (Ibama), a área da caatinga é de 826411,23 km². A precisão na identificação dos desmatamentos foi de 98,4%.

Para o ministério, os números são "assustadores". "É muito. Isso tem de ser reduzido". "Podemos dizer que equivale proporcionalmente à área desmatada na Amazônia, se considerarmos que a Amazônia é cinco vezes maior que a caatinga".

Os estados que mais desmataram foram a Bahia e o Ceará. Juntos, eles desmataram quase 9000 km² em seis anos. Em terceiro lugar veio o Piauí, com 2586 km² no mesmo período.

Entre os municípios brasileiros que mais desmataram entre 2002 e 2008 estão Acopiara, Tauá, Boa Viagem e Crateús, no Ceará, Bom Jesus da Lapa, Campo Formoso, Tucano e Mucugê, na Bahia, e Serra Talhada e São José do Belmonte, em Pernambuco.

O desmatamento, segundo o ministério, provocou a emissão média de 25 milhões de toneladas de dióxido de carbono por ano durante esse período.

Minc destacou que o desmatamento da caatinga é pulverizado, o que significa que não se concentra em uma determinada área, o que torna mais difícil combatê-lo. Entre as principais causas do desmatamento da caatinga estão o uso da mata nativa para lenha e carvão e o avanço de polos agrícola e pecuário.

Disponível em: <http://noticias.uol.com.br/cotidiano/2010/03/02/caatinga-brasileira-teve-1657-mil-km-desmatados-em-seis-anos.jhtm>. Acesso em: jul. 2012.

A seca ou a cerca? Afinal, qual é o principal problema nordestino?

O Sertão nordestino é uma das zonas semiáridas mais povoadas do mundo. A sub-região é marcada pela predominância dos latifúndios. Os dados a seguir, sobre a estrutura fundiária, ou seja, a distribuição das terras, mostram que as grandes propriedades, as que apresentam mais de 1000 hectares, correspondem a menos de 1% do total, mas ocupam mais de 40% da área. Esse quadro é ainda mais grave na Região Nordeste.

Assim, grande parte da população não tem acesso à terra e é submetida aos interesses dos grandes proprietários de terra. Muitas dessas propriedades são pouco produtivas, sendo ocupadas pela pecuária bovina e caprina extensiva.

Se você fizesse uma pesquisa e perguntasse a algumas pessoas: "Você sabe qual é o principal problema da Região Nordeste?", provavelmente grande parte dos entrevistados responderia: "O principal problema nordestino é a seca".

Mas por que essa ideia é tão difundida? Basta considerar o papel da mídia, principalmente da televisão, na divulgação desse assunto. Seria correto culpar um fenômeno climático, a seca, como causa da miséria? Na verdade, podemos dar vários exemplos de regiões secas que possuem alto padrão de vida. O oeste dos Estados Unidos e o Deserto de Neguev, em Israel, são os mais conhecidos.

A pobreza é fundamentalmente uma questão social, econômica e política. A seca constitui apenas um fator agravante da situação, sobretudo para aqueles que não possuem meios para se defender de seus efeitos.

A questão social mais grave no Nordeste é a excessiva concentração de terras nas mãos de poucos privilegiados. Levantamentos recentes do governo avaliam que quase 70% das propriedades rurais da região são improdutivas. No sul do país, esse índice está por volta de 42,5%. Como se diz, "o problema não é a seca, mas a cerca" e a falta de um projeto eficaz de reforma agrária.

Cabe salientar que a maioria da população é pobre também nas sub-regiões úmidas do Nordeste como a Zona da Mata e o Meio-Norte.

Chão rachado de rio seco, no município de Casa Nova, Bahia, 2008.

Você sabia?

Apicultura no semiárido nordestino

Estudos realizados pela Embrapa Meio-Norte revelam que uma nova atividade agrícola está mudando a paisagem socioeconômica de alguns municípios localizados na região semiárida do estado do Piauí. Trata-se da apicultura, atividade econômica que resulta na produção de mel e outros produtos derivados do trabalho das abelhas.

Estudos sobre a cadeia produtiva da apicultura no Piauí dão conta de que o crescimento dessa atividade, no estado, é impressionante. O último Censo Agropecuário registrou a existência de aproximadamente 9 500 famílias envolvidas na apicultura.

No entanto, os dados da Embrapa já identificam a existência de cerca de 18 000 famílias envolvidas diretamente nessa atividade, sem contar as ocupações indiretas que podem dobrar esse número. O Banco do Nordeste tem sido considerado um dos principais responsáveis por esse crescimento, tendo liberado algo em torno de R$20 milhões para financiamento a cooperativas e associações de pequenos apicultores.

Na prática, os agricultores, que antes priorizavam o feijão, o milho, o algodão e outras culturas dependentes de chuva, passaram a apostar mais na apicultura, o que fez com que essa atividade passasse de complementar a principal, em relação aos aspectos de geração de renda para essas famílias. De fato, a renda gerada pela apicultura é maior e mais segura do que a das outras culturas, tendo em vista o crescimento do mercado dos produtos orgânicos e os bons preços oferecidos aos produtos apícolas, devido às suas conhecidas propriedades alimentícias e terapêuticas. Além disso, é uma atividade agrícola com menor dependência das chuvas. (...)

Apicultura no estado do Piauí.

Um outro aspecto que merece relevância é o fato de essa atividade ter em torno de setenta por cento dos seus produtores localizados na porção semiárida do estado, onde se destacam as microrregiões de Picos e São Raimundo Nonato. É uma área extremamente carente de atividades que gerem ocupação e renda para os seus habitantes, por ser sempre muito castigada pelas secas. No caso da apicultura, períodos de estiagem em determinadas épocas do ano podem ser importantes aliados dessa atividade, porque favorecem o desabrochar das flores de importantes plantas melíferas, como o marmeleiro, a aroeira, o juazeiro e o cajueiro. (...)

Esse cenário já começa a estimular empresas de grande porte, seja de capital local ou extralocal, a se instalar no estado. Empresas beneficiadoras do mel e produtoras de equipamentos já estão formalizando seus respectivos interesses em investir no Piauí, o que exigirá aumento no nível de profissionalização da apicultura praticada, ainda pouco profissionalizada.

A rapidez e a magnitude do crescimento dessa atividade têm elevado significativamente a sua importância socioeconômica, o que vem estimulando os governos estadual e federal a demonstrar preocupação em apoiar a atividade e seus integrantes, através de políticas públicas. A apicultura e a produção de mel tornaram-se atividades econômicas importantes pois proporcionam a geração de empregos. O mel é destinado ao mercado interno e também para exportação.

Disponível em: <http://ambientes.ambientebrasil.com.br/natural/abelhas/apicultura_no_semi-arido_nordestino.html>. Acesso em: jul. 2012.

Sudene, oligarquias e "indústria da seca"

No caso nordestino, foi criada a Sudene (Superintendência para o Desenvolvimento do Nordeste) em 1957, no governo de Juscelino Kubitschek. Também foi criado o DNOCS (Departamento Nacional de Obras contra as Secas). Esse órgão é encarregado de implementar projetos, como a construção de açudes, poços e projetos de irrigação.

O problema é que, ao longo de décadas, muitas obras acabaram sendo construídas nos latifúndios. Assim, grande parte da população pobre foi obrigada a se submeter aos interesses das oligarquias que controlam as terras. Ainda hoje, ocorrem casos em que o acesso a cestas básicas e à água dos açudes é obtido em troca de votos nos candidatos das elites locais. O chamado "voto de cabresto" ainda ocorre em algumas áreas.

As elites locais possuem poder político e controlam as verbas de combate à seca que o governo federal e os governos estaduais mandam para o Sertão. Desse modo, grupos dominantes, herdeiros do antigo coronelismo, perpetuam-se no poder e dificultam o desenvolvimento do Sertão e do Nordeste como um todo. Essa utilização indevida de dinheiro público para beneficiar grupos particulares é chamada "indústria da seca". É uma forma de enriquecer às custas da manutenção da pobreza alheia e culpando a seca.

Na atualidade, quando observamos a situação política do Nordeste como um todo, constatamos que continua a concentração de poder nas mãos dos grandes proprietários e empresários. Em alguns estados nordestinos, poucas famílias controlam grandes extensões de terra, indústrias, comércio, além dos principais meios de comunicação de massa, como jornais e emissoras de rádio e de televisão.

Nos anos 2000, o maior crescimento da economia nordestina e a implantação de programas de transferência de renda federais como o Bolsa Família reduziram o poder das oligarquias locais sobre a população do semiárido. Entretanto, para alguns analistas, os programas favoreceram o governo federal e seus aliados regionais do ponto de vista político.

ATIVIDADES

1 Quanto à distribuição das terras e à atividade agrícola, no que o Agreste se diferencia do Sertão e da Zona da Mata?

_____
_____
_____
_____

2 Cite 3 características do Meio-Norte.

_____
_____
_____
_____

3 Qual é a importância econômica do babaçu?

Babaçu, Maranhão.

_____
_____
_____
_____

4 Qual é a importância econômica da carnaúba? Justifique.

_____
_____
_____
_____

5 O que são corumbas?

_____
_____
_____
_____
_____

6 Produza um texto utilizando corretamente os seguintes termos: Pernambuco, latifúndio, monocultura, cana-de-açúcar, clima tropical úmido, massapé, Alagoas, Mata Atlântica, Zona da Mata.

_____
_____
_____
_____
_____
_____
_____
_____

7 No que consiste a "indústria da seca"?

_____
_____
_____
_____
_____
_____

Migrações

Em decorrência da pobreza regional, o Nordeste apresenta expressivos movimentos migratórios em direção ao Centro-Sul e à Amazônia. Os nordestinos migram em busca de emprego, melhores salários e acesso à terra.

Esses fluxos fizeram com que a região perdesse quase 16 milhões de habitantes entre 1940 e 2000. Assim, embora continue crescendo, a população do Nordeste perde participação percentual. Em 1940, a população do Nordeste representava 34,9% do total do país. Em 2010, esse percentual tinha caído para 27%.

Muitos migrantes abandonam a região para trabalhar em regiões distantes. Boias-frias costumam migrar do Vale do Jequitinhonha (norte de Minas Gerais) e do interior do Maranhão para trabalhar no interior de São Paulo durante a colheita da cana-de-açúcar.

Essa grande mobilidade populacional causa transtornos, visto que contribui para a desagregação das famílias. É que, muitas vezes, apenas o homem migra, deixando mulher e filhos na área de origem.

A partir da década de 1990, os fluxos migratórios assumiram novos padrões. Muitos trabalhadores rurais, boias-frias regionalmente denominados "corumbas", migram do Agreste e do Sertão para trabalhar na Zona da Mata, retornando às suas regiões de origem após o término das colheitas.

Intensifica-se o fluxo do Sertão em direção às regiões metropolitanas nordestinas, a exemplo de Salvador, Recife, Fortaleza e Natal. O fluxo de nordestinos em direção ao Sudeste reduziu nos anos 2000, em parte devido ao crescimento econômico e à geração de empregos no próprio Nordeste.

Transposição do Rio São Francisco

O Rio São Francisco é vital para o Nordeste. O rio nasce em Minas Gerais e depois cruza o Sertão semiárido. Desse modo, suas águas são fundamentais para as populações que vivem às suas margens e para a realização de diversas atividades econômicas.

Eis algumas utilidades do Rio São Francisco:

- abastecimento de água para consumo humano em zonas rurais e cidades;

- atividade pesqueira;

- geração de energia por meio das hidrelétricas de Sobradinho, Itaparica, Paulo Afonso e Xingó;

- navegação no transporte de mercadorias e pessoas.

Rio São Francisco.

Nos anos 2000, o governo federal iniciou o polêmico projeto de transposição das águas do Rio São Francisco. Ou seja, o desvio de parte das águas do rio através de canais artificiais em direção ao Rio Grande do Norte, Paraíba, Ceará e Pernambuco. O objetivo seria disponibilizar mais água para o abastecimento humano e animal, viabilizar projetos de irrigação agrícola e atividades industriais.

As principais críticas ao projeto são:

- o alto custo das obras;

- o impacto negativo no Rio São Francisco, já degradado pelo desmatamento das florestas ciliares de suas margens, assoreamento em seu leito, além da poluição pelo despejo de esgotos domésticos, agrotóxicos e resíduos industriais;

- a construção de canais artificiais para transportar a água vai gerar desapropriações de terras e desmatamento de trechos de caatinga.

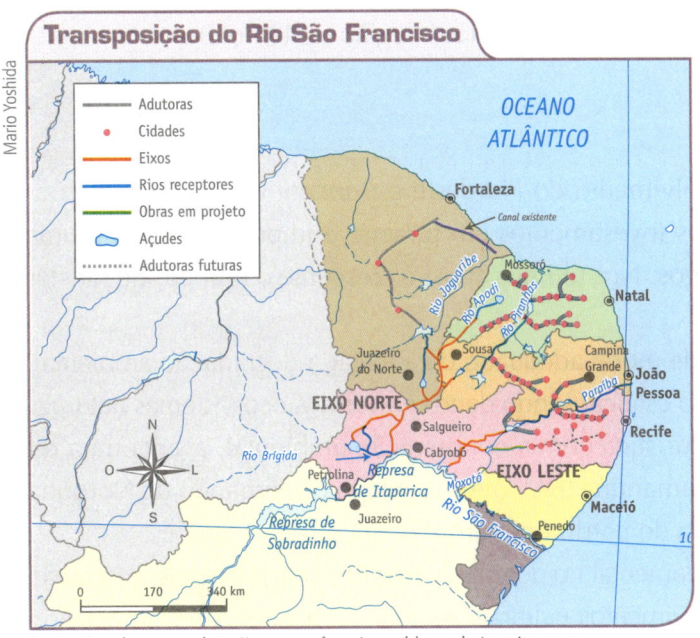

Transposição do Rio São Francisco

Fonte: Com base em <http://www.saofrancisco.cbh.gov.br/comite.aspx>. Acesso em: jul. 2012.

Muitos acreditam que o projeto beneficiaria as grandes empreiteiras responsáveis pela obra e os grandes latifundiários à medida que as obras vão provocar a elevação do valor das terras.

Alguns especialistas afirmam que seria melhor o aproveitamento dos recursos hídricos existentes, bem como a construção de poços artesianos e a ampliação do número de cisternas.

As cisternas são reservatórios de pequeno porte que podem ser construídos no quintal das casas ou em pequenas propriedades. Elas armazenam água nos períodos chuvosos para a população utilizar sobretudo nos períodos de seca prolongada.

Agricultura irrigada

A solução efetiva para os problemas do Nordeste passa pela melhoria da distribuição de renda, que por sua vez depende da ampliação da geração de empregos e realização de uma reforma agrária. Nas áreas rurais, seria fundamental que os pequenos lavradores também tivessem acesso à terra e a técnicas de irrigação, com o auxílio governamental.

Melão irrigado no Vale do Açu (RN).

Nos últimos anos, graças a investimentos privados, surgiram ilhas de desenvolvimento econômico no semiárido nordestino. Prova-se que existem condições técnicas para superar o problema das secas prolongadas.

O programa mais conhecido é a fruticultura irrigada no médio São Francisco, em Petrolina (PE) e Juazeiro (BA). Essa área apresenta excelente produção de uva e vinho, além de goiaba e manga. A região atende aos mercados consumidores externo e interno.

No Rio Grande do Norte, destaca-se a produção de melão e banana irrigados nos vales dos rios Açu-Piranhas e Apodi, na região de Mossoró. No Ceará, desenvolve-se o cultivo do abacaxi e banana no Vale do Rio Jaguaribe.

Algumas áreas rurais do Nordeste estão recebendo migrantes provenientes do sul do país que estão investindo em atividades agrícolas. O principal exemplo é o oeste da Bahia, área de clima tropical e domínio do Cerrado. Nessa região, polarizada pelo município de Barreiras, expande-se o cultivo irrigado de soja, café e algodão com uso de máquinas agrícolas modernas. A soja também se expandiu no sul do Maranhão (região de Balsas) e no sul do Piauí (região de Uruçuí).

Turismo

Uma das formas de estimular o desenvolvimento do Nordeste é o incentivo ao turismo, concentrado na faixa litorânea. A ampliação dos investimentos em turismo é importante, pois é uma atividade que gera grande número de empregos. Nos últimos anos, é crescente o número de turistas brasileiros e estrangeiros no Nordeste.

Porém, o turismo deve ser desenvolvido de modo adequado para evitar a degradação ambiental. A especulação imobiliária no litoral nordestino está causando danos graves aos ecossistemas naturais.

O ecoturismo, que concilia a atividade turística com a conservação ambiental, avançou na região. Destacam-se áreas como a Chapada Diamantina (BA), o Arquipélago de Fernando de Noronha (PE) e a Serra da Capivara (PI) em decorrência do patrimônio arqueológico.

O Nordeste como um todo tem papel fundamental no desenvolvimento cultural do país. É inegável a importância da música nordestina e dos movimentos culturais gerados na região. A região transformou-se em importante polo de atração de turistas do Brasil e do exterior. Destacam-se o carnaval em Salvador(BA), Recife e Olinda (PE) e o forró em Campina Grande (PB), Caruaru (PE) e São Luís (MA).

Os recifes e praias com águas azuladas de Maceió (AL) atraem turistas de todo o país.

ATIVIDADES

1 O que estimula a migração de nordestinos para outras regiões? Os fluxos migratórios do Nordeste destinam-se a quais regiões?

_____

_____

_____

2 Quais são as características da agricultura na área destacada no mapa a seguir?

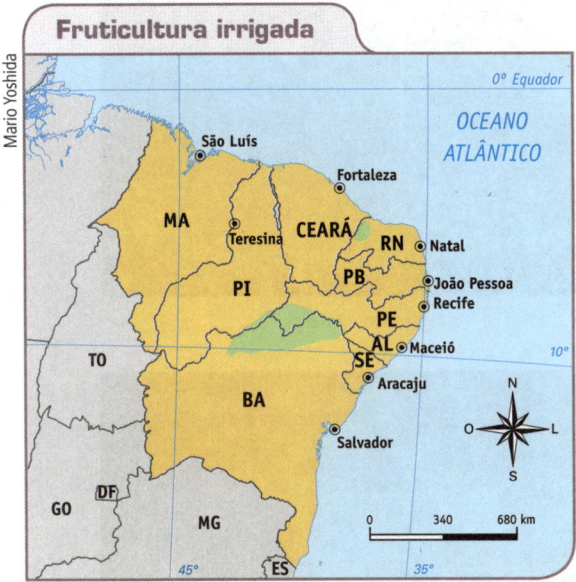

Fruticultura irrigada

Fonte: IBGE. *Atlas Geográfico Escolar*. Rio de Janeiro: IBGE, 2009.

_____

_____

_____

_____

_____

_____

_____

_____

3 A respeito do turismo no Nordeste, responda:

a) É possível dizer que o setor turístico é promissor na região? Justifique.

_____

_____

_____

_____

b) Por que o turismo é uma boa alternativa de desenvolvimento econômico para o Nordeste?

_____

_____

109

c) Cite duas áreas que são polos de ecoturismo.

_____

d) Cite um problema gerado pelo turismo desenfreado.

_____

_____

4 Produza um texto sobre a importância das atividades culturais e do turismo no Nordeste a partir da análise das imagens a seguir.

Passeio de *buggy* no litoral do Ceará.

Carnaval com trio elétrico na Bahia.

Centro histórico de São Luís, Maranhão.

Festa Junina em Caruaru, Pernambuco.

_____
_____
_____
_____
_____
_____
_____
_____

5 Elabore um texto sobre as atividades econômicas do Nordeste com base nas imagens a seguir.

A Exploração de petróleo (RN).

B Indústria automobilística em Camaçari (BA).

C Armazenagem de soja produzida em Balsas (MA).

D Exploração de sal (RN).

111

6 Descreva o gráfico a seguir, sobre a evolução da taxa de analfabetismo nas regiões brasileiras ao longo do tempo.

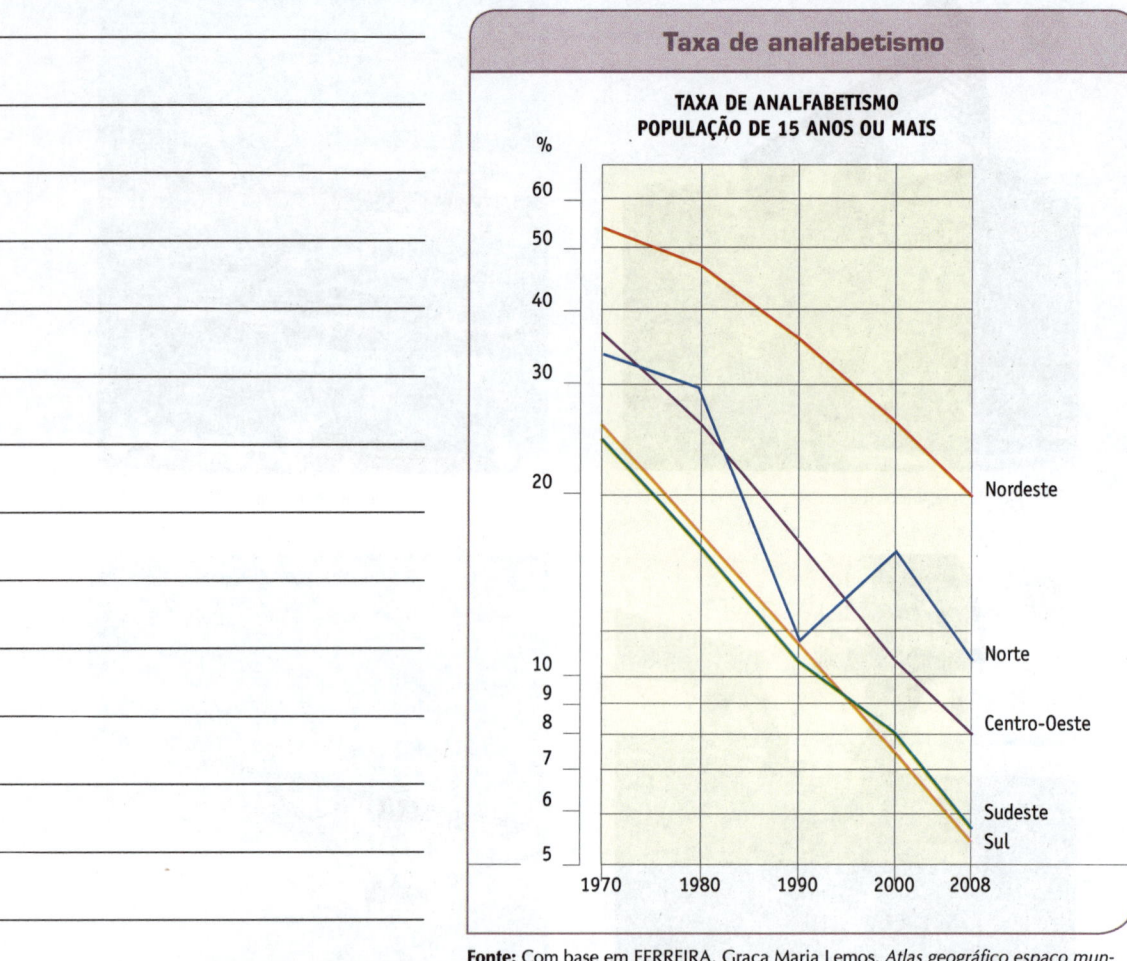

Taxa de analfabetismo

TAXA DE ANALFABETISMO
POPULAÇÃO DE 15 ANOS OU MAIS

- Nordeste
- Norte
- Centro-Oeste
- Sudeste
- Sul

Fonte: Com base em FERREIRA, Graça Maria Lemos. *Atlas geográfico espaço mundial*. São Paulo: Moderna, 2010.

7 Interprete o mapa a seguir, sobre a distribuição da população no Nordeste e relacione-o com o clima.

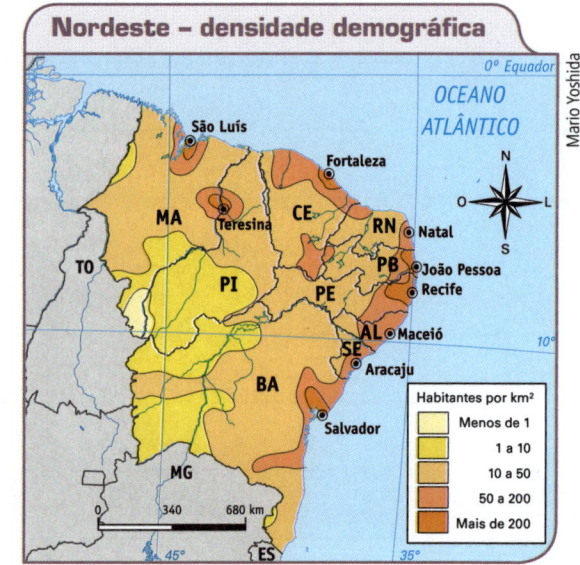

Nordeste – densidade demográfica

Habitantes por km²
- Menos de 1
- 1 a 10
- 10 a 50
- 50 a 200
- Mais de 200

Fonte: Com base em BARRETO, Mauricio. *Atlas Escolar Geográfico*. São Paulo: Escala Educacional, 2008.

8 A partir da interpretação da letra da música a seguir e da análise das fotografias, escreva sobre a importância social e econômica do Rio São Francisco para o Nordeste.

"Das águas do Velho Chico, nasce um rio de esperança"

Vou navegar...
Com a minha Estação Primeira
Nas águas da integração chegou Mangueira
Opará... rio-mar, o nativo batizou
Quem chamou de São Francisco foi o Navegador
Na serra ele nasce pequenino
Ilumina o destino, vai cumprir sua missão
Se expande pra mostrar sua grandeza
"Gigante pela própria natureza"

    A carranca na Mangueira vai passar
    Minha bandeira tem que respeitar
    Ninguém desbanca minha embarcação
    Porque o samba é minha oração

Beleza... o bailar da piracema
Cachoeiras um poema à preservação
Lendas ilustrando a história
Memórias do valente Lampião
Mercado flutuante, um constante vai e vem
Violeiro, sanfoneiro, que saudade do meu bem
O sabor desse tempero, eu quero provar
Graças à irrigação, o chão virou pomar
E tem fruta de primeira pra saborear
Um brinde à exportação, um vinho pra comemorar
O Velho Chico! É pra se orgulhar

    O Sertanejo sonho
    Banhou de fé o coração
    E transbordou em verde e rosa
    A esperança do Sertão

(Samba Enredo da Mangueira no Carnaval 2006; autores: Henrique Gomes, Gilson Bernini e Cosminho; Fonte: *site* da Mangueira)

A Embarcação no Rio São Francisco.

B Colheita da manga no Vale do Rio São Francisco. A agricultura foi viabilizada pela irrigação.

C Artesanato: carrancas, ornamento típico dos barcos do Rio São Francisco.

D Hidrelétrica de Xingó no Rio São Francisco.

113

Capítulo 6 — A Região Norte

A Região Norte é recoberta pela maior floresta pluvial do mundo, a Floresta Amazônica. Cada vez mais, essa enorme área que abriga a maior biodiversidade do mundo, está sendo ameaçada pela expansão da fronteira agrícola, dando lugar a pastos e ao cultivo da soja, e pelo desmatamento ilegal. Os grandes interesses econômicos se sobrepõem às alternativas de desenvolvimento sustentável na Amazônia.

Vista Noturna da Passarela Governador Joaquim Macedo, Rio Branco, Acre, 2011.

Região Norte

Região Norte – político

Fonte: IBGE. *Atlas Geográfico Escolar*. Rio de Janeiro: IBGE, 2009.

A Região Norte é formada pelos estados do Amazonas (AM), Pará (PA), Acre (AC), Rondônia (RO), Roraima (RR), Amapá (AP) e Tocantins (TO). É a maior das regiões brasileiras em extensão territorial, com cerca de 3,8 milhões de km², o que equivale a aproximadamente 45% do território nacional.

Até os dias de hoje, a Amazônia é a região menos povoada do país. Apesar de representar metade do território, possui apenas 8,3% da população nacional. Conforme o Censo 2010, a região aumentou sua participação percentual na população brasileira devido à atração de imigrantes nordestinos e sulistas. Levando em consideração os grupos étnicos específicos, a Amazônia concentra grande parte dos povos indígenas remanescentes. São povos com extraordinária cultura e grande variedade de línguas.

Meio ambiente

A princípio, a delimitação da Amazônia obedece a critérios ambientais. Ou seja, é a área com predomínio do clima equatorial. Trata-se de um clima quente, com chuvas abundantes e bem distribuídas durante o ano.

As altas temperaturas e a grande disponibilidade de água propiciam o desenvolvimento da Floresta Amazônica. É o ecossistema com maior biodiversidade em microrganismos, plantas e animais do planeta.

Grande quantidade de folhas, galhos e restos de animais são depositados sobre o solo da floresta. Com o tempo, forma-se uma espessa e rica camada de matéria orgânica denominada serrapilheira. Entretanto, os solos da Amazônia são submetidos a chuvas torrenciais. A água lava o solo e retira grande

Sumaúma, espécie típica da Amazônia e com impressionantes raízes tabulares.

parte dos nutrientes (lixiviação). Portanto, apesar da enorme quantidade de matéria orgânica superficial, os solos amazônicos são pobres em nutrientes minerais.

Existem muitos tipos de Floresta Amazônica, que variam na fisionomia e na composição de espécies. Muitas dessas diferenças são causadas pela diversidade de formas de relevo, dos vários tipos de solo e da maior ou menor proximidade dos rios. Os principais tipos de Floresta Amazônica são:

- Mata de Igapó: floresta que se desenvolve em áreas inundadas durante o ano inteiro. Apresenta plantas que estão adaptadas a terrenos alagados, a exemplo dos vegetais hidrófilos (plantas aquáticas) como a vitória-régia.

- Mata de Várzea: floresta que se desenvolve em áreas inundadas apenas durante as cheias dos rios. Essa mata apresenta plantas pequenas como o timbó e árvores de maior porte como a seringueira.

- Mata de Terra Firme: floresta que ocupa depressões e baixos planaltos nunca inundados por águas de rios. É a mata que apresenta árvores com maior altura. São exemplos a sumaúma, a castanheira, o jatobá e o mogno.

- Mata Montana: floresta que ocupa as áreas serranas de maior altitude, a exemplo da mata que se desenvolve na região do Pico da Neblina.

Hoje, sabe-se que o relevo amazônico é diversificado, havendo a predominância de baixos planaltos e depressões. As serras (planaltos residuais) ocupam menor área e situam-se nos extremos norte e sul.

A Planície do Rio Amazonas localiza-se ao longo das margens do Rio Amazonas e de seus principais afluentes. Em parte do ano, essa planície é alagada e ocorre grande deposição de sedimentos (areia, argila e matéria orgânica).

Na Amazônia, também temos a maior bacia hidrográfica do planeta, liderada pelo Rio Amazonas. Trata-se da maior reserva de água doce do mundo e a que possui maior diversidade em espécies de peixes.

Observe, no perfil a seguir, a integração de vários elementos da natureza amazônica, o clima, o relevo e os tipos de Floresta Amazônica.

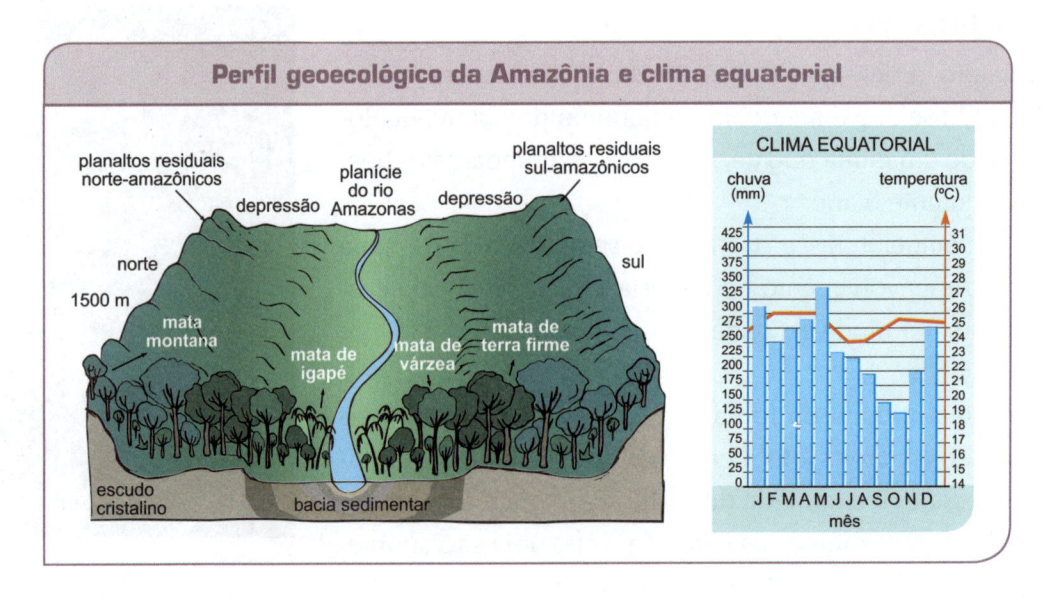

Perfil geoecológico da Amazônia e clima equatorial

Você sabia?

Outros tipos de vegetação na Amazônia

- Campinarana: ecossistema que apresenta fisionomias variadas, ora como floresta, ora como savana. Desenvolve-se sobre solos muito pobres, lixiviados e arenosos.

- Savanas: no leste de Roraima, devido à presença do clima equatorial semiúmido, isto é, com alguns meses de seca, ao invés da Floresta Amazônica ocorre uma savana.

Campinarana arbórea.

Savana com gramíneas e palmeiras em Roraima.

ATIVIDADES

1 Cite os estados brasileiros que integram a Região Norte.
_____
_____

2 Analise a Amazônia do ponto de vista étnico.
_____
_____
_____
_____

3 Qual tipo de clima predomina na Amazônia? Mencione duas características.
_____
_____
_____
_____

4 Cite cinco características da Floresta Amazônica e identifique o tipo de mata representado na foto a seguir.

_____
_____
_____
_____
_____
_____
_____
_____
_____

5 Escreva sobre as características da Campinarana a partir da leitura da teoria e da interpretação do perfil de vegetação a seguir.

Fonte: IBGE. *Atlas Geográfico Escolar*. Rio de Janeiro: IBGE, 2009.

_____
_____
_____
_____

6 Os solos da Amazônia podem ser considerados férteis? Justifique.

_____
_____
_____
_____

118

Os rios da Amazônia

Os rios da Amazônia pertencem a duas regiões hidrográficas, uma corresponde à Bacia do Rio Amazonas; à outra, à Bacia do Tocantins. Os rios da região são vitais para a navegação, visto que a região apresenta poucas rodovias e ferrovias. Grande parte do transporte de cargas e pessoas é feito pelos rios. E importantes contingentes de população vivem nas planícies fluviais dos rios. São chamados ribeirinhos.

Na imagem de satélite, o encontro das águas do Rio Negro (cinza) com o Solimões (marrom) no estado do Amazonas. O Solimões (Amazonas) carrega uma quantidade maior de sedimentos. A área em verde corresponde à Floresta Amazônica; a área bege, à metrópole de Manaus. Os pontos brancos correspondem às nuvens.

A ocupação da Amazônia

Ciclo da borracha: apogeu e decadência

No período colonial, a colonização da Amazônia foi esparsa. Para garantir a posse do território, os portugueses estabeleceram missões religiosas e fortes militares ao longo dos rios da Bacia Hidrográfica Amazônica.

Entre o final do século XIX e o início do século XX, a Amazônia ganhou destaque econômico com o ciclo da borracha. Naquele período, desenvolveu-se o extrativismo do látex (seiva leitosa) da seringueira para a produção de borracha natural. A borracha era exportada para

Imponente Teatro Amazonas, em Manaus.

119

países desenvolvidos como os Estados Unidos, sendo muito utilizada na indústria de autopeças e de automóveis.

O desenvolvimento atraiu grande número de imigrantes nordestinos para a Amazônia. A riqueza propiciou a expansão de cidades como Manaus e Belém. O ciclo da borracha também foi decisivo na incorporação do Acre ao território do Brasil (Tratado de Petrópolis) a partir de uma negociação com a Bolívia em 1902.

Entre 1903 e 1912, foi construída a Ferrovia Madeira-Mamoré, ligando Porto Velho e Guajará-Mirim. A ferrovia fazia parte do acordo para facilitar o escoamento da borracha.

O projeto fracassou e durante a construção verificou-se enorme mortalidade de trabalhadores por causa da malária e de outras doenças tropicais.

Os britânicos pegaram mudas brasileiras e promoveram o plantio da seringueira em série no Sul e Sudeste asiáticos. Assim, puderam exercer maior controle sobre a produção e os preços. A maior produtividade na Ásia e a queda no valor do produto conduziram à decadência do ciclo da borracha na Amazônia, levando ao empobrecimento da região e ao surgimento de graves problemas sociais.

Vagão de trabalho na Estrada de Ferro Madeira-Mamoré – Porto Velho (RO). Foto de 2008.

Integrar para "entregar"

A partir da década de 1950, o governo brasileiro começou a incentivar a ocupação da Amazônia. No governo de Juscelino Kubitschek, foi construída a Rodovia Belém-Brasília (BR-153), um marco na integração da Amazônia com o Centro-Sul do país.

Em 1964, devido a uma conspiração da elite econômica e dos militares, acontece um golpe de Estado que acaba com a democracia no país. A partir de então, o Brasil foi submetido a uma violenta ditadura militar. Um governo autoritário, no qual os opositores eram perseguidos, torturados e muitos assassinados. As eleições foram proibidas e os jornais censurados, ou seja, "não se podia criticar o governo".

Nesse contexto, o governo ditatorial e as elites impuseram políticas de ocupação do território brasileiro sem consultar a maior parte da sociedade. Decidiu-se acelerar a ocupação da Amazônia por meio da colonização e de projetos econômicos.

Propaganda da Sudam na época da ditadura militar.

120

O discurso do governo era o de que essa região deveria ser colonizada e integrada ao restante do país, caso contrário poderia cair nas "garras dos estrangeiros". Daí o surgimento da polêmica expressão "integrar para não entregar".

Para coordenar os projetos econômicos para a Amazônia, o governo criou em 1966 um órgão chamado Sudam (Superintendência para o Desenvolvimento da Amazônia). A partir de então foram desenvolvidos projetos de agropecuária, mineração, hidrelétricas e indústrias. Mas, para atrair investidores nacionais e estrangeiros, o governo criou "vantagens" para empresas e pessoas interessadas em investir na Amazônia. Foram concedidos incentivos fiscais, isto é, quem investisse na região pagaria menos impostos. Além disso, esses investidores teriam facilidades para conseguir empréstimos de bancos federais, como o Banco do Brasil.

Você sabia?

RadamBrasil

Na década de 1970, surgiu o projeto RadamBrasil. O objetivo do projeto foi o mapeamento da Amazônia e o levantamento dos recursos naturais da região. A partir de então, foram produzidos mapas de geologia, relevo, solo e hidrografia que subsidiaram empreendimentos econômicos na região. O projeto utilizou imagens de radar tiradas de aeronaves. A vantagem é que o sensor de radar não detecta nuvens.

Assim, a integração da Amazônia deu-se em função dos interesses do capital nacional e transnacional pelos recursos naturais da região. Por isso, aquela famosa expressão usada pelo governo militar deveria ser mudada para "integrar para entregar".

A região passou a ser considerada como a "fronteira do capital", com vastos recursos naturais a serem explorados como solo, madeira e recursos minerais. Desde então, a região sofre um rápido processo de ocupação.

Infelizmente, os projetos econômicos enriqueceram alguns poucos, quase não beneficiando as parcelas mais pobres da população e os povos da floresta, como os indígenas e as comunidades extrativistas. Em algumas áreas, a ocupação gerou a aniquilação dos grupos sociais que sobreviviam na região previamente, como os indígenas e os seringueiros.

O impacto ambiental foi desastroso, levando à devastação de 17% da Floresta Amazônica. A partir da década de 1980, a "fronteira agrícola" avançou pelo Cerrado e chegou à Amazônia, destruindo as bordas da floresta. Hoje, a porção sul e oeste da Amazônia é denominada de arco de desmatamento, isto é, a região com maior intensidade de derrubadas e queimadas na floresta. O arco de desmatamento abrange porções dos estados do Maranhão, Pará, Mato Grosso, Rondônia, Acre e Amazonas. Nos anos 2000, surgiu a frente norte de desmatamento, abrangendo trechos do Amapá, Pará e Roraima, ao norte do Rio Amazonas. Se nada for feito, os cientistas acreditam que em 2050 cerca de 40% da floresta terá sido destruída.

Nos últimos anos, a principal causa da devastação da Amazônia é o avanço da criação de gado bovino. Em seguida, o crescimento da agricultura, a exemplo do cultivo da soja para exportação.

Como podemos observar no esquema a seguir, primeiramente a floresta é ocupada por grileiros e latifundiários que promovem queimadas e derrubadas. Por vezes, a ocupação é ilegal, ou seja, o grileiro ocupa uma terra devoluta (do governo) e depois consegue um título falso de propriedade. Nesta primeira etapa, algumas vezes, a madeira nobre é explorada, o restante é destruído. Numa etapa posterior, a terra é vendida para um pecuarista que estabelece uma pastagem para a criação de gado. Depois de algum tempo, o pecuarista vende a área para o produtor agrícola que, na maioria das vezes, estabelece o plantio de soja.

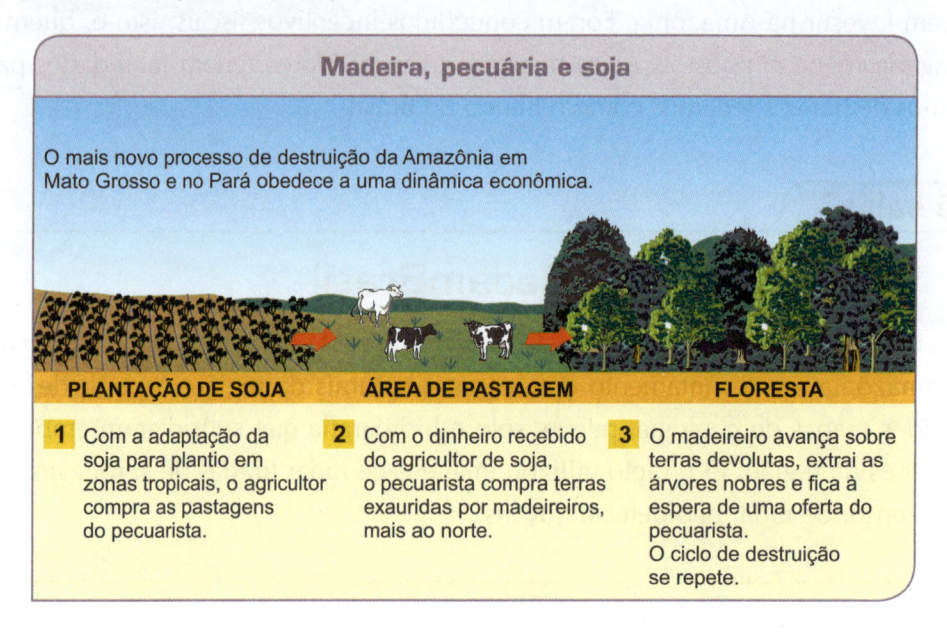

Madeira, pecuária e soja

O mais novo processo de destruição da Amazônia em Mato Grosso e no Pará obedece a uma dinâmica econômica.

PLANTAÇÃO DE SOJA | ÁREA DE PASTAGEM | FLORESTA

1. Com a adaptação da soja para plantio em zonas tropicais, o agricultor compra as pastagens do pecuarista.

2. Com o dinheiro recebido do agricultor de soja, o pecuarista compra terras exauridas por madeireiros, mais ao norte.

3. O madeireiro avança sobre terras devolutas, extrai as árvores nobres e fica à espera de uma oferta do pecuarista.
O ciclo de destruição se repete.

As outras atividades que devastam a Amazônia são a mineração e a exploração ilegal da madeira, ou seja, sem reflorestamento e autorização do Ibama (Instituto Brasileiro do Meio Ambiente e Recursos Naturais Renováveis).

Na Amazônia, segundo a legislação vigente, o proprietário da terra está autorizado a desmatar 20% da área e preservar 80% com mata. O problema é que a legislação é descumprida por grande parte dos grandes proprietários de terra.

Nos últimos anos, a boa notícia é que o desmatamento na Amazônia está em declínio. No período entre agosto de 2009 e agosto de 2010, o desmatamento foi de 2,3 mil km² de floresta, um dos menores da história. Em meados da década de 1990, chegou-se a desmatar 22 mil km² de floresta, uma área do tamanho do estado de Sergipe.

Desequilíbrio ecológico: desmatamento e queimadas

Muitas áreas da Amazônia foram degradadas pelas derrubadas recentes da floresta. Geralmente, ocorre o desbaste ou corte do estrato inferior da floresta. Depois, retira-se madeira com valor comercial. Em seguida, costuma-se atear fogo provocando queimadas como podemos observar na foto da página a seguir.

Os efeitos do desmatamento e das queimadas são nefastos para o ecossistema e para as populações que dependem da floresta para sobreviver, como os índios e os seringueiros.

Com a derrubada da floresta, o solo fica exposto à excessiva lixiviação e erosão causadas pela água das chuvas. O horizonte superficial do solo, rico em matéria orgânica, é rapidamente removido pela água. O solo empobrece e acelera-se a concentração de ferro e alumínio, que colaboram para seu endurecimento (laterização). As queimadas contribuem também para a destruição dos horizontes superficiais do solo (O e A), ricos em matéria orgânica.

As próprias espécies da floresta têm dificuldade em colonizar essas áreas degradadas. Ocorre incalculável perda de biodiversidade animal e vegetal. Grande parte da fauna é dizimada pelas queimadas. Os animais que conseguem escapar fogem para outros lugares. Mas aqueles mais lentos, como o bicho-preguiça, não têm chance e acabam sendo dizimados pelo fogo.

Grande parte do solo erodido é transportado pelas águas das enxurradas para os rios, acumulando-se em seu leito (assoreamento). Rapidamente, os rios são entulhados por areia e argila, ficando assoreados. Com o tempo, devido à grande quantidade de sedimentos, perdem profundidade e ficam rasos, dificultando a navegação. Quando chove, já não conseguem dar vazão a tanta água. Portanto, acabam transbordando e causando enchentes. Grande parte da fauna dos rios foge para outras áreas.

A floresta tem expressivo papel na manutenção do clima. Acredita-se que 50% da umidade do ar é oriunda da própria floresta, por meio da evaporação e transpiração das plantas. A soma destas duas recebe o nome de evapotranspiração.

Mas de onde viriam os demais 50%? Bem, o restante procede da mEa (massa Equatorial atlântica). Desse modo, quando se desmatam grandes trechos de floresta, há uma tendência de diminuição da umidade, da formação de nuvens e das chuvas, ou seja, o clima fica cada vez mais seco.

As queimadas alteram a composição do ar e das chuvas na Amazônia. Em alguns períodos do ano, alguns municípios chegam a apresentar poluição do ar superior ao centro de São Paulo.

Lembre-se também de que as florestas consomem gás carbônico no processo de fotossíntese. Caso continue o desmatamento na Amazônia, haverá menos retenção de gás carbônico, aumentando a proporção desse gás na atmosfera. Assim, a destruição da Amazônia poderá agravar o aquecimento global provocado pela intensificação do efeito estufa.

No desenho da página a seguir, você pode comparar uma área em equilíbrio ambiental com outra onde ocorre desequilíbrio ambiental.

Queimada na Amazônia.

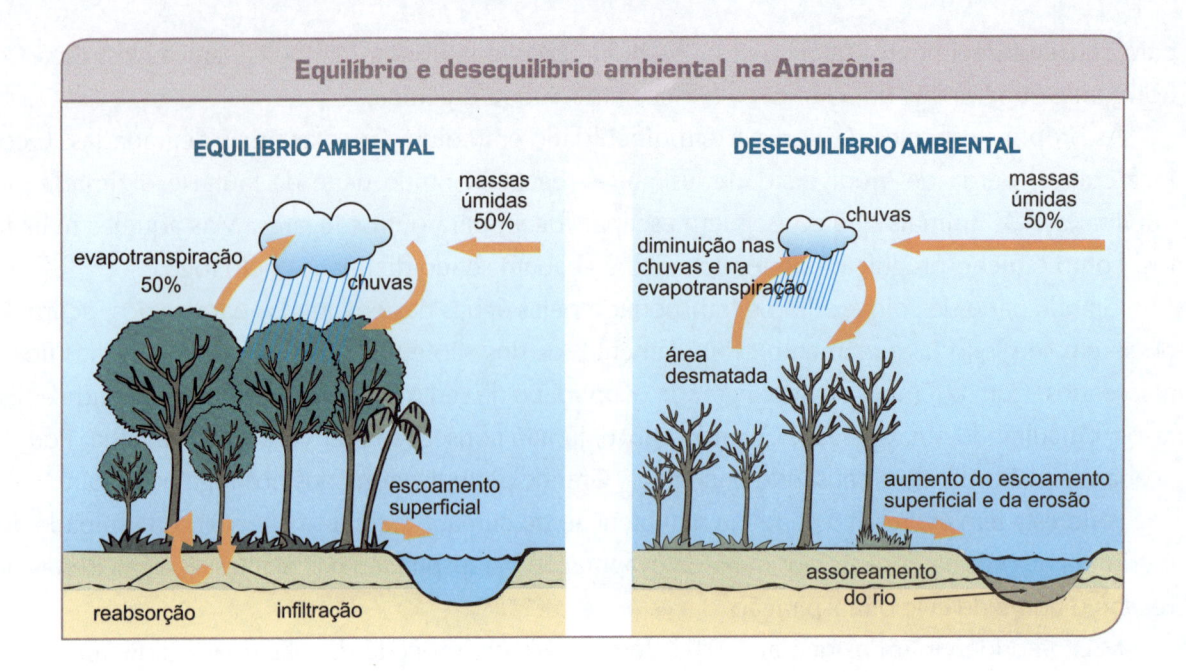

Equilíbrio e desequilíbrio ambiental na Amazônia

EQUILÍBRIO AMBIENTAL: evapotranspiração 50%, chuvas, massas úmidas 50%, escoamento superficial, reabsorção, infiltração.

DESEQUILÍBRIO AMBIENTAL: diminuição nas chuvas e na evapotranspiração, chuvas, massas úmidas 50%, área desmatada, aumento do escoamento superficial e da erosão, assoreamento do rio.

Você sabia?

Fordlândia

Entre 1928 e 1946, o milionário norte-americano Henry Ford, criador da multinacional Ford, empreendeu um ambicioso projeto de silvicultura na região de Santarém, estado do Pará. Esse projeto visou ao plantio da seringueira em grandes áreas para a fabricação de borracha natural. O empreendimento ficou conhecido como Fordlândia.

A Fordlândia fracassou. A seringueira é ambientada na mata de maneira dispersa. Quando plantada em série, a árvore é atacada de forma maciça por uma praga nativa, o que inviabiliza a produção.

Projeto Jari

Em 1967, foi lançado o Projeto Jari do milionário norte-americano Daniel Keith Ludwig. O projeto foi implantado numa área equivalente ao estado de Sergipe no Vale do Rio Jari entre o Pará e o então território do Amapá. Parte da área foi desmatada para a silvicultura de espécies exóticas (estrangeiras) como os eucaliptos e pinheiros.

Área onde o Projeto Jari foi implantado, Almerim (PA), 2006.

Atividade madeireira

A partir da década de 1970, foi intensificada a exploração de madeira na Floresta Amazônica. As espécies nobres mais valorizadas são o mogno (*Swietnia magrophylla*), o jatobá (*Hymennaea courbaril*) e o cedro (*Cedrela sp.*).

Cerca de 86% da madeira é consumida no Brasil. A principal região consumidora é o Centro-Sul, principalmente o estado de São Paulo. Por volta de 14% da madeira é exportada para outros países.

O problema é que a maioria das madeireiras não faz o reflorestamento das áreas exploradas. Acredita-se que apenas 10% das árvores derrubadas sejam utilizadas. Em muitos casos, a exploração da madeira é ilegal. Isso acontece porque a fiscalização do Ibama é insuficiente, estimulando a impunidade.

Algumas poucas madeireiras já praticam o manejo florestal e o reflorestamento das áreas exploradas. Ou seja, as árvores retiradas são substituídas por mudas da mesma espécie.

Fonte: Com base em FERREIRA, Graça Maria Lemos. *Atlas geográfico espaço mundial*. São Paulo: Moderna, 2010.

125

> **Você sabia?**
>
> ## Imagens de satélite no combate ao desmatamento
>
> As imagens de satélite ajudam a detectar o desmatamento e podem ser utilizadas para combater os responsáveis pela destruição de florestas. No caso da Amazônia, são utilizados satélites como o Landsat, o Modis, o EO-1 e o CBERS (Satélite China-Brasil de Recursos Terrestres). Utilizando uma tecnologia sofisticada é possível até detectar a exploração ilegal de madeira.
>
> ### Etapas do sensoriamento remoto
>
> - O Clas (Sistema Carnegie de Análise do Landsat) usa imagens dos satélites Landsat, Modis e EO-1 para enxergar perturbações na floresta que são "invisíveis" ao sistema padrão de sensoriamento remoto
>
> **1** — Imagens do Modis e do EO-1 são usadas para aguçar a visão do Landsat, descontando distorções provocadas por vapor-d'água na atmosfera, por exemplo
>
> **2** — Um sistema automático busca enxergar o que há dentro de cada pixel (quadrado de 30 x 30), os "pontos" mínimos da imagem de satélite – a atividade madeireira geralmente deixa marcas menores que um pixel
>
> **3** — Com o auxílio de um computador, o sistema diferencia dentro de cada pixel o que é sinal de atividade madeireira (marcas de trator de arraste, por exemplo) do que é perturbação natural (como uma árvore morta)
>
> Compare uma imagem obtida pelo Clas com uma obtida pelo Prodes
>
> **PRODES**
> - Floresta
> - Desmatamento recente
> - Desmatamento prévio
>
> **CLAS**
> - Extração madeireira recente
> - Cobertura florestal
> - Refugo de madeira
> - Solo
>
> - A análise indica que, em 4 anos, a exploração de madeira atingiu milhares de quilômetros quadrados de floresta.
> - Segundo os pesquisadores, a exploração de madeira sozinha lançaria 100 milhões de toneladas de carbono ao ano na atmosfera a mais do que o país emite por queima de combustíveis fósseis.

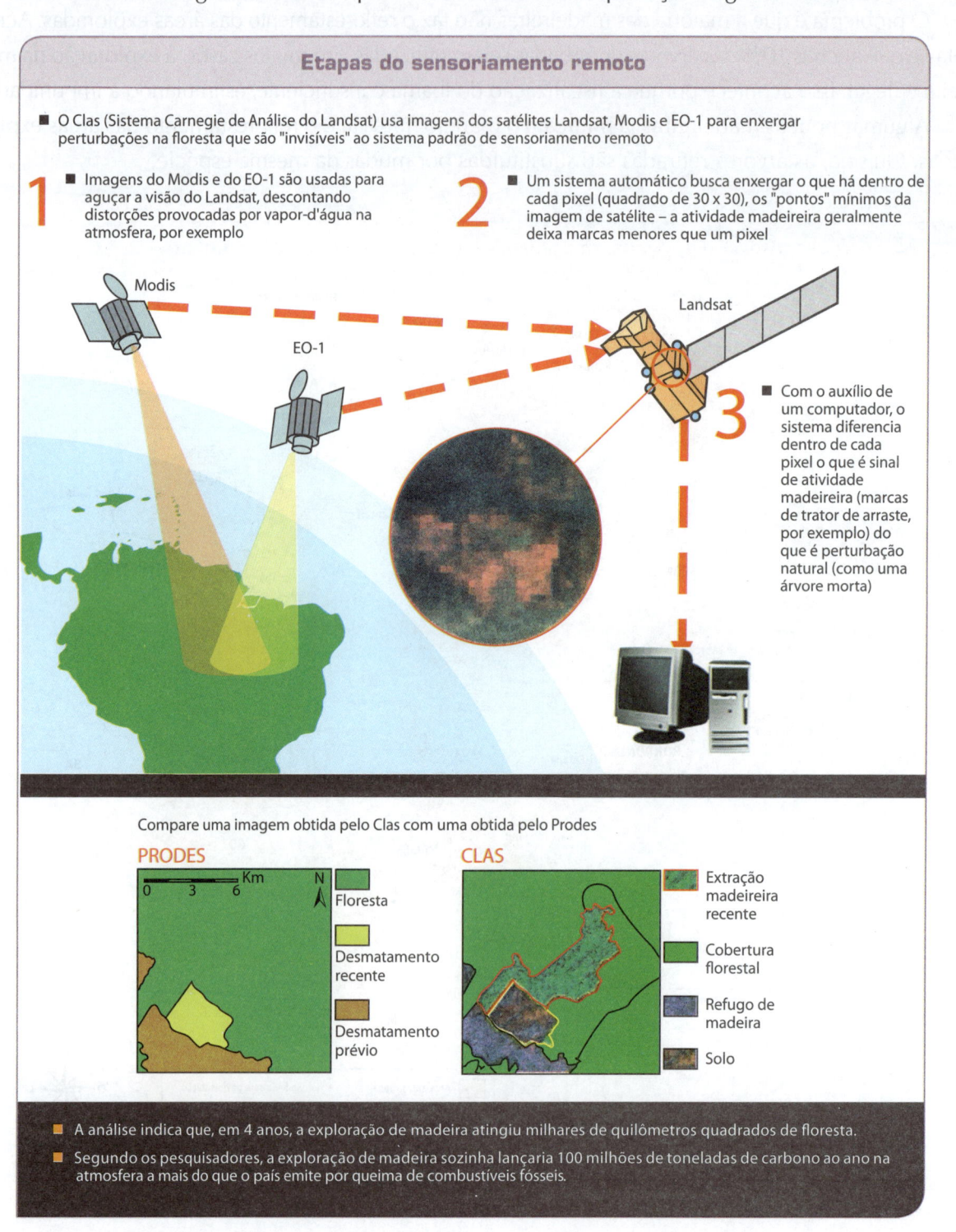

ATIVIDADES

1 Discorra sobre a importância dos rios da Amazônia.

_____
_____
_____
_____

2 Quais os problemas causados pelo garimpo na Amazônia? Cite duas sugestões para solucionar esses problemas.

_____
_____
_____
_____

3 A partir da década de 1960, quais as atividades econômicas mais desenvolvidas na região Norte?

_____
_____
_____
_____

4 É possível afirmar que a "Fordlândia" foi um projeto de sucesso? Justifique.

_____
_____
_____
_____

Desenvolvimento sustentável na Amazônia

Apesar de todo o debate em torno dos problemas da Amazônia, ainda predomina o padrão de ocupação que devasta o meio ambiente e induz a concentração da renda. Intensificou-se a biopirataria, em que espécies da região são contrabandeadas para pesquisas que visam à fabricação de remédios e cosméticos nos países ricos.

O desmatamento pode levar à perda de metade da Floresta Amazônica no século XXI. Quais seriam as alternativas para desenvolver a Amazônia sem destruir os recursos naturais? Bem, existem várias. Mas é necessária uma ampla mobilização da sociedade brasileira e vontade política por parte do governo.

É necessário conciliar as atividades econômicas com conservação do meio ambiente, estimulando o "desenvolvimento sustentado". Em várias partes da Amazônia, projetos de desenvolvimento sustentável foram bem-sucedidos, sendo exemplos para toda a região.

Ecoturismo é uma das formas de desenvolver a economia da Amazônia.

Em algumas áreas, madeireiras exploram espécies nobres da floresta, como o mogno, mas praticam o manejo florestal e o reflorestamento. Ou seja, plantam as mesmas espécies retiradas no interior da floresta.

Outra atividade que ganha espaço é o ecoturismo, pois cresce o número de turistas brasileiros e estrangeiros que desejam conhecer a Amazônia.

Outras alternativas são o estímulo ao extrativismo vegetal e o cultivo de espécies nativas. Um dos exemplos é Maués (AM), um dos principais polos de cultivo do guaraná, matéria-prima para a fabricação de refrigerantes.

A partir da década de 1990, foram criadas reservas extrativistas para comunidades como os seringueiros e castanheiros no Acre e no Amazonas. Assim, garante-se a sobrevivência das comunidades, o aumento da renda, através da comercialização dos produtos, e a conservação da floresta.

Nos anos 2000, cresceu a utilização de matéria-prima amazônica para a indústria de cosméticos. As empresas fazem acordos com as comunidades extrativistas, que vendem a matéria-prima coletada para elas. Essa associação tem avançado em várias áreas da Amazônia e houve um aumento da renda das comunidades locais. Assim, é fundamental ampliar o número de reservas extrativistas e garantir mercados consumidores para os produtos florestais como resinas, essências e frutas.

Andiroba, espécie amazônica cujo fruto é utilizado na produção de cosméticos.

Você sabia?

Você já imaginou quantas espécies da Amazônia você consome regularmente. Já tomou um suco de cupuaçu, já comeu chocolate, já tomou guaraná, já usou um xampu de "castanha-do-pará"? A Amazônia faz parte da nossa vida em várias sentidos.

Na tabela e esquema a seguir, conheça as características de algumas espécies exploradas na Amazônia e sua localização conforme o tipo de mata onde ocorrem.

Extrativismo vegetal e localização ecológica de algumas espécies

Nome popular	Nome científico	Ocorrência	Utilidades
1 – Seringueira	*Hevea brasiliensis*	Mata de várzea	Extração de látex para a produção de borracha natural.
2 – Guaraná	*Paullinia cupana*	Mata de várzea	Essência para a produção de refrigerantes.
3 – Castanheira	*Bertholletia excelsa*	Mata de terra firme	Extração da castanha-do-pará
4 – Açaí	*Euterpe oleraceae*	Mata de várzea	Sucos e doces, por meio do fruto; palmito, por meio do caule.
5 – Pupunha	*Bactris gasipaes*	Mata de terra firme	Extração do palmito.
6 – Cupuaçu	*Theobroma grandiflorum*	Mata de terra firme	Da polpa são produzidos sucos, doces e sorvetes, e da amêndoa, chocolate.
7 – Cacau	*Theobroma cacao*	Mata de terra firme	Da polpa são produzidos sucos, doces e sorvetes, e da amêndoa, chocolate.

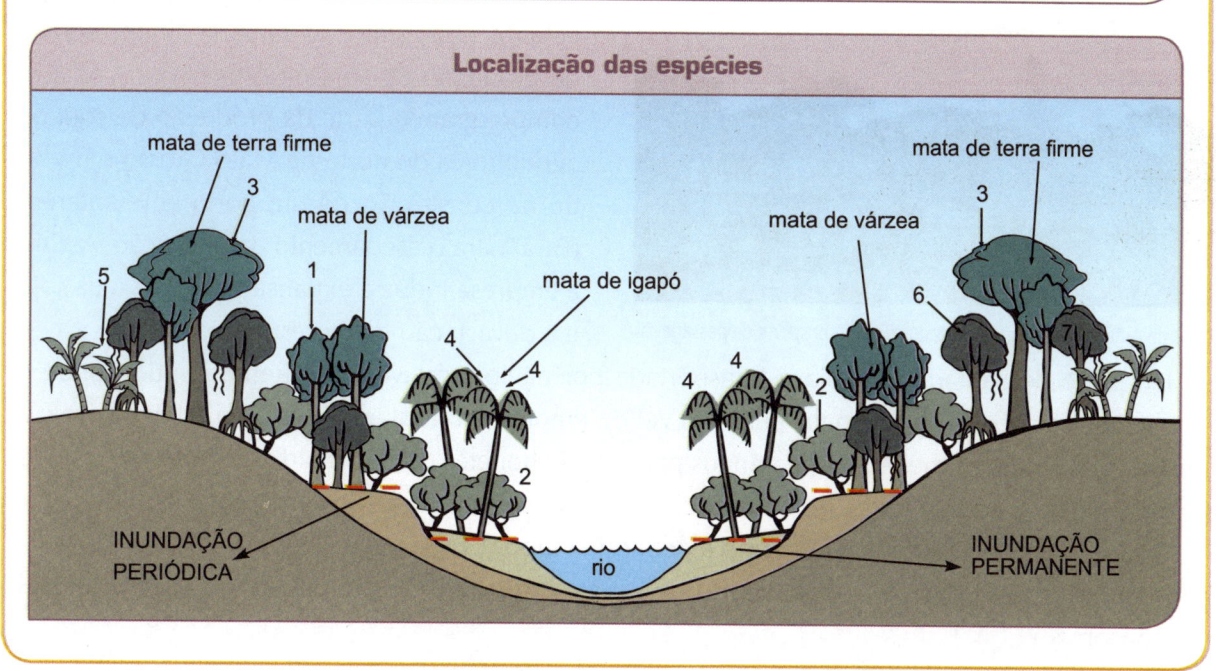

Localização das espécies

Expansão da fronteira agropecuária

Grande parte da agropecuária pouco desenvolvida na Amazônia atende ao mercado consumidor da região. A região destaca-se apenas por alguns produtos específicos. Os cultivos da juta (planícies fluviais do Vale do Amazonas) e de frutas (nordeste do Pará, área Bragantina) são controlados por descendentes de japoneses.

Os projetos agropecuários mais recentes foram implementados em grandes propriedades. Destaque para a pecuária extensiva bovina de média para baixa produtividade em estados como Pará, Roraima, Rondônia, Tocantins e Mato Grosso.

A partir da década de 1990, houve uma forte expansão das áreas destinadas ao plantio de soja nos estados de Mato Grosso, Rondônia, Pará, Tocantins, Roraima e Amazonas.

Parte dessa soja é transportada por pequenas rodovias até os rios Tapajós e Madeira. Esses rios são hidrovias por onde a soja é transportada em barcaças até o Rio Amazonas. Navios graneleiros fazem a tarefa final de transporte da soja para os países desenvolvidos.

Comércio de cupuaçu, espécie típica da Amazônia.

Muitas vezes, hábitos corriqueiros, como comprar carne em um açougue, ir numa churrascaria ou comer um hambúrguer numa lanchonete apresenta implicações ambientais. Ou seja, nossos hábitos de consumo impactam o meio ambiente. Um relatório da ONG (organização não governamental) Greenpeace afirma que os consumidores de *fast-food* (comida rápida) na Europa podem estar contribuindo com o desmatamento da Amazônia, ao consumir frango alimentado com soja plantada na região de floresta.

O documento intitulado "Comendo a Amazônia" afirma que o Mac Donald's compra frango de uma subsidiária da multinacional de alimentos Cargill (matriz nos Estados Unidos).

Multinacionais como a Cargill, a Bunge e ADM estão entre as maiores financiadoras da produção de soja na Amazônia. A Cargill compra grande parte da produção de soja de agricultores do norte de Mato Grosso e investiu na construção de um porto em Santarém (Pará) para o escoamento da produção. Assim, a empresa induz a expansão do cultivo da soja e a devastação da Floresta Amazônica.

Os rios da Amazônia são muito utilizados para o transporte de passageiros.

Do porto de Santarém, a soja é transportada por navio até Liverpool (Reino Unido), onde é transformada em ração para frangos pela Sun Valley, empresa controlada pela Cargill. Por sua vez, a Sun Valley é a maior fornecedora de frangos para as lanchonetes Mac Donald's. Segundo e ecólogo Norman Myers, é preciso que a rede de lanchonetes tire a "Amazônia do cardápio".

O caso é um dos exemplos de como a economia globalizada pode degradar o meio ambiente. Assim, é necessário que os consumidores fiquem mais conscientes em relação aos produtos que consomem.

Questão agrária e meio ambiente

Nas últimas décadas, o governo federal pouco avançou com a reforma agrária no Centro-Sul e no Nordeste. Principalmente a partir da ditadura militar, o governo estimulou migrantes sulistas e nordestinos a se dirigirem para o Centro-Oeste e a Região Norte.

Assim, os fluxos migratórios se intensificaram rumo à Amazônia graças a projetos de colonização. Alguns desses projetos fracassaram, pois os colonos enfrentaram dificuldades, já que o tipo de clima e de solo da região era muito diferente do encontrado em suas regiões de origem.

Em alguns locais desenvolveu-se a produção para subsistência, uma vez que a comercialização dos produtos agrícolas era difícil, porque não havia meios de transporte adequados.

Milhares de migrantes sulistas e nordestinos não tinham título que comprovasse a posse da terra. Portanto, tornaram-se posseiros, ocupando parte de latifúndios e terras indígenas na luta pela sobrevivência. Outros milhares, no limiar da miséria, foram trabalhar nos garimpos de ouro, cassiterita (estanho) e diamantes.

Na estrutura fundiária, tal como no Nordeste, predominam os latifúndios. Era fácil a compra de grandes extensões de terra com preços baixos e com redução nos impostos.

Historicamente, a pecuária bovina tornou-se uma maneira de "maquiar" as terras para dar a impressão de que eram produtivas. Muitas vezes, o objetivo era a especulação fundiária, ou seja, esperar a terra valorizar para vender e lucrar.

Geralmente, os latifundiários praticam a grilagem, isto é, apoderam-se ilegalmente de novas terras para implementar pastagens. Essa prática também é realizada por algumas madeireiras, que invadem as terras indígenas e de comunidades extrativistas para se apropriar da madeira.

Com o tempo, os conflitos pela posse da terra foram se agravando levando a uma escalada da violência em várias partes da Amazônia. Os conflitos envolvem diferentes grupos sociais: latifundiários, madeireiros, posseiros, garimpeiros, povos indígenas e seringueiros.

Ato em memória do massacre dos sem-terra no Eldorado dos Carajás em 1996, Brasília, 2011.

Hidrelétricas

Na década de 1970, o governo criou a Eletronorte, uma empresa estatal com a função de viabilizar a geração e a transmissão de energia elétrica na Amazônia. Foram implantadas três grandes usinas hidrelétricas na região. A maior é a de Tucuruí (PA), no Rio Tocantins, inaugurada em 1984.

A hidrelétrica de Balbina foi implantada no Rio Uatumã, afluente do Amazonas com o objetivo de abastecer parcialmente Manaus (AM). A Usina de Samuel foi construída no Rio Jamari, afluente do Madeira, estado de Rondônia. Veja no mapa da página seguinte.

Como é costume na Amazônia, essas obras faraônicas causaram problemas sociais e ecológicos. No caso de Tucuruí no Pará, e Balbina, amplas áreas de floresta foram inundadas pelas represas, matando incontáveis animais silvestres que não foram resgatados.

Após terminada, a hidrelétrica de Balbina acabou dando prejuízo econômico. É que a energia gerada não é suficiente para abastecer sequer a metrópole de Manaus. Para dar conta de seu consumo de energia, Manaus ainda depende de termelétricas que utilizam óleo.

O relevo plano contribuiu para a formação de reservatórios excessivamente grandes. As populações que ocupavam as áreas foram obrigadas a se retirar. Muitas comunidades que dependiam da floresta para a sobrevivência, como indígenas, castanheiros e posseiros viram suas terras e casas ficarem debaixo d'água. E pior, a indenização dada pelo governo costuma ser baixa e não é suficiente para as famílias refazerem suas vidas em outros lugares.

Mesmo assim, o governo planeja a construção de novas hidrelétricas na Amazônia. Ambientalistas, povos indígenas e comunidades extrativistas são contrários à realização dessas novas obras. Além do impacto ambiental nos rios, as hidrelétricas poderão estimular atividades econômicas como a mineração, podendo causar uma devastação ainda maior da floresta.

No Rio Madeira estão sendo construídas as hidrelétricas de Santo Antônio e Jirau, em Rondônia. No Rio Aripuanã está sendo construída a Hidrelétrica de Dardanelos. No Rio Tocantins, a Hidrelétrica de Estreito, entre Tocantins e Maranhão. No Rio Xingu, prevê-se a construção da Hidrelétrica de Belo Monte, no Pará. Ambientalistas e indígenas são contrários a construção de Belo Monte devido aos impactos ambientais e sociais que vai gerar, como a remoção de populações indígenas.

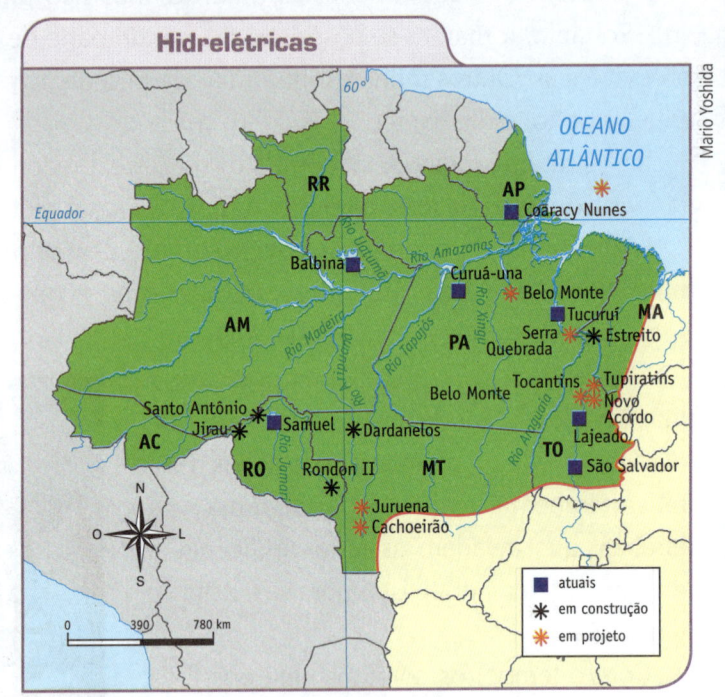

Fonte: IBGE. *Atlas Geográfico Escolar*. Rio de Janeiro: IBGE, 2009.

Obras da Hidrelétrica de Jirau e Santo Antônio, em Rondônia.

> **Índios liberam todos os reféns no MT e negociam plano contra danos causados por hidrelétrica**
>
> Os cinco funcionários do consórcio Águas da Pedra que estavam reféns de um grupo de indígenas em Aripuanã (MT) – a cerca de 1100 km a noroeste de Cuiabá – foram liberados no final da tarde desta segunda-feira (26/07/2010).
>
> Índios aceitaram liberar os reféns – três engenheiros e dois responsáveis pela obra – após a chegada de representantes da Secretaria de Meio Ambiente do Estado, do Ministério Público Federal (MPF) e da Funai (Fundação Nacional do Índio).
>
> Os índios reclamam que a usina, apesar de não ocupar reservas, está sendo construída na área onde há um cemitério indígena e também alegam que suas aldeias na região sofrem impactos por conta da construção da unidade.
>
> As autoridades negociam com lideranças indígenas e representantes do consórcio um plano básico ambiental para reduzir os impactos da obra e garantir que os direitos dos povos sejam respeitados, segundo o diretor da Funai na região, Antônio Carlos Ferreira Aquino.
>
> O canteiro de obras da usina de Dardanelos foi ocupado no fim de semana por cerca de 220 indígenas de nove etnias. Inicialmente, eles fizeram reféns 280 trabalhadores. Na noite de domingo, os manifestantes aceitaram libertar grande parte dos funcionários.
>
> De acordo com Aquino, os cinco trabalhadores decidiram por "livre e espontânea" vontade permanecer no local com os indígenas para encontrar uma saída para a questão.
>
> Segundo o diretor da Funai, a obra afetará diretamente cerca de 700 indígenas dos povos Cinta-Larga e Arara do Rio Branco. As outras sete etnias que participam da ocupação do canteiro de obras estão lá em solidariedade, afirmou Aquino.
>
> O antropólogo Ivar Bussato, da ONG Operação Amazônia Nativa (Opan), diz que recentemente vários sítios arqueológicos foram descobertos na região, fato que despertou o interesse dos indígenas. "Os sítios são riquíssimos. Há uma sobreposição de camadas formadas em vários séculos cada uma. Quando os indígenas descobriram que os sítios eram de seus antepassados, se sensibilizaram", afirmou.
>
> De acordo com Bussato, boa parte das urnas funerárias dos sítios foram retiradas e levadas para Cuiabá. Em nota, o consórcio negou que a usina está sendo construída sobre cemitérios indígenas.
>
> A Usina Hidrelétrica de Dardanelos, que terá capacidade instalada de 216 megawatts, está sendo construída desde 2007 no Rio Aripuanã por um consórcio formado pela Neoenergia, empresa brasileira controlada pela espanhola Iberdrola, e as estatais Chesf e Eletronorte, ambas controladas pela Eletrobras. A data estimada para início da operação da usina é janeiro de 2011.
>
> Disponível em: <http://noticias.uol.com.br/cotidiano/2010/07/26/indios-liberam-todos-os-refens-no-mt-e-negociam-plano-contra-danos-causados-por-hidreletrica.jhtm>. Acesso em: jul. 2012.

Exploração mineral

Os projetos de exploração mineral na Amazônia foram viabilizados pela ação do governo através de empresas estatais e de parcerias com empresas multinacionais.

No Pará, a mineração foi possível graças à construção da Hidrelétrica de Tucuruí, que garantiu o fornecimento de energia. É a partir desses projetos que os recursos minerais da Amazônia passaram a ser exportados em larga escala para países desenvolvidos (Estados Unidos, Japão, Alemanha, entre outros) e emergentes como a China.

Grande Carajás

A maior empresa de mineração do Brasil é a Vale (Companhia Vale do Rio Doce). Empresa estatal criada no governo de Getúlio Vargas. Na década de 1990, apesar de ser muito lucrativa, a empresa foi privatizada, ou seja, vendida para empresas particulares.

Atualmente, a Vale é uma das maiores empresas de mineração do mundo. Além de atuar na mineração, é responsável pelo transporte dos recursos minerais por ferrovia, sendo também responsável pelo terminal portuário e transporte do minério por navios.

O Projeto Grande Carajás foi iniciado na década de 1980 pela Vale. Os principais recursos explorados eram: ferro e manganês. Com a recente inauguração da mina do Sossego, também passa a ser explorado o minério de cobre.

O minério é explorado na Serra dos Carajás, sul do Pará. Depois, é transportado por ferrovia até o porto de Itaqui (terminal Ponta da Madeira) perto de São Luís, litoral do Maranhão. Do porto, o minério é transportado por navios cargueiros até os principais mercados consumidores.

Vale do Rio Madeira

A exploração da cassiterita, o minério de estanho, concentra-se nos estados do Amazonas, Rondônia, Mato Grosso e Pará. A mineração é realizada por empresas de médio e pequeno porte. No Amazonas, destaca-se a Mineração Taboca, pioneira na mineração e metalurgia de estanho no Brasil.

Exploração de cassiteritas em Rondônia.

Vale do Rio Trombetas

No Brasil, a maior área de exploração de bauxita, minério de alumínio, é o Vale do Rio Trombetas, região da Serra de Oriximiná, localizada no noroeste do Pará. A exploração é realizada pela MRN (Mineração Rio do Norte), uma associação entre a brasileira Vale, a CBA (Companhia Brasileira do Alumínio, pertencente ao Grupo Votorantim) e multinacionais como a Alcan, a Alcoa e a Shell. No Pará, vários empreendimentos industriais transformam a bauxita em chapas de alumínio:

- Alunorte: empresa com participação brasileira (Vale), grupos japoneses (NAAC – *Nippon Amazon Aluminium*, JAIC e Mitsui) e um grupo norueguês (Norsk Hydro), atuando no processamento da bauxita explorada no Pará;

- Albrás: empresa liderada pela Norsk Hydro e NAAC com atuação na produção de alumínio;

- Alumar: empreendimento das multinacionais Alcoa (dos Estados Unidos), Rio Tinto Alcan (Canadá) e BHP-Billington (do Reino Unido) na produção de alumina e alumínio.

Mineração de bauxita (Vale do Rio Trombetas, Pará).

ATIVIDADES

1) Defina desenvolvimento sustentado. Como o extrativismo vegetal constitui uma alternativa para a prosperidade econômica da Amazônia?

_____
_____
_____
_____

2) Quais os benefícios do ecoturismo na Amazônia?

_____
_____
_____
_____

3) O que é exploração de madeira com manejo sustentável?

Exploração de madeira na Amazônia.

_____
_____
_____

135

4 O projeto Jari pode ser considerado um exemplo de desenvolvimento sustentável?
___
___
___

5 Você aprendeu que a Amazônia é uma região rica em minérios e plantas medicinais. Várias empresas exploram esses recursos. Então, como se explica a pobreza na qual vive grande parte da população?
___
___
___

6 Por que os grileiros e madeireiros têm interesses conflitantes aos dos índios, posseiros e seringueiros?
___
___
___
___

7 Mencione um impacto ambiental e outro social decorrente da construção de hidrelétricas como a de Dardanelos na Amazônia.
___
___
___

8 Qual o significado e a finalidade do projeto Sivam na Amazônia?
___
___
___
___

Os impactos socioambientais do garimpo

Migrantes com poucas perspectivas de conseguir emprego e iludidos com a possibilidade de enriquecer rapidamente tornam-se garimpeiros na Amazônia.

O garimpo na Amazônia é explorado de duas formas: diretamente pelos trabalhadores ou organizado por empresas. Os principais recursos explorados são: ouro, diamante e cassiterita.

A exploração é improvisada e rudimentar, pois utiliza poucos recursos tecnológicos. Destaca-se o garimpo de ouro, minério que pode ser encontrado no solo ou no fundo do leito dos rios, misturado com o cascalho e o lodo.

O garimpo causa gravíssimos danos ao meio ambiente, como o desmatamento e a degradação do solo. Poderosos jatos de água desfazem barrancos e removem os horizontes do solo. Devido à erosão, parte do solo é transportado para os rios, contribuindo para seu assoreamento. Em muitos casos, as águas ficam turvas (com excesso de sedimentos).

Para separar o cascalho do ouro, utiliza-se o mercúrio, um metal pesado tóxico e altamente prejudicial à saúde dos animais e do homem. Após ser usado, grande parte do mercúrio é lançado nos rios, acumulando-se nos organismos vivos no decorrer da cadeia alimentar. Muitos rios da Amazônia estão contaminados por mercúrio. Doenças causadas pelo mercúrio já atingem diversas populações ribeirinhas e os próprios garimpeiros.

Área degradada por garimpo de ouro na Amazônia.

Para que servem os recursos minerais da Amazônia?	
Ouro	É bastante usado na produção de joias, materiais de odontologia e aparelhos eletrônicos. Como apresenta alto valor, é utilizado como investimento financeiro.
Ferro	Muito duro e resistente, é usado para fazer ligas metálicas com outros metais. É um recurso básico na produção do aço.
Manganês	Resistente, também é usado na fabricação do aço.
Alumínio	O alumínio é condutor de eletricidade, leve e bastante resistente à corrosão. Assim, é utilizado em linhas de transmissão de energia elétrica, utensílios domésticos, veículos e eletrodomésticos.
Estanho	É duro e resitente à corrosão, tendo boa condutibilidade elétrica. Como não é tóxico, é usado na fabricação de latas de conserva, na soldagem e em aparelhos elétricos.
Cobre	Recurso com características isolantes e maleabilidade. É bom condutor de eneriga elétrica, sendo muito utilizado na indústria de equipamentos de transporte e eletroeletrônica.
Níquel	Produção de aço inoxidável.

Rodovias

Construção da rodovia Transamazônica, foto histórica.

Para tornar possível a exploração e o transporte dos fartos recursos naturais da Amazônia para o Centro-Sul e para o mundo, era necessário construir estradas. Na década de 1950, foi construída a primeira grande rodovia, a Belém-Brasília.

Na década de 1970, a construção de rodovias foi acelerada com a implementação do PIN (Programa de Integração Nacional) pela ditadura militar. A partir de então, foram construídas extensas e caras rodovias na Amazônia.

Até hoje, a maioria dessas rodovias não foi pavimentada. O clima equatorial com chuvas torrenciais contribui para o desgaste das vias. Muitos trechos são intransitáveis devido aos numerosos buracos e à falta de manutenção. Em outros trechos, a vegetação já tomou conta das rodovias e a maioria delas não apresenta condições de segurança.

No sentido norte-sul, destacam-se a Cuiabá-Santarém (BR-163), a Cuiabá-Porto Velho (BR-364) e a Belém-Brasília (BR-153). A famosa Transamazônica (BR-230) foi construída no sentido leste-oeste.

A construção de rodovias contribuiu muito para a devastação da floresta, pois facilitou a colonização, a expansão agropecuária e exploração ilegal de madeira. Das rodovias maiores, são construídas estradas menores que propiciam acesso ao interior da floresta.

Polo industrial de Manaus

Em 1967, o governo criou a Zona Franca de Manaus, com o intuito de incentivar a industrialização da capital amazonense. A iniciativa foi conduzida pela Suframa (Superintendência para o Desenvolvimento da Zona Franca de Manaus).

Para atrair empresas à região, o governo concedeu incentivos fiscais, ou seja, a redução do pagamento de impostos. Com isso, tornou-se lucrativo produzir no Amazonas, apesar de o principal mercado consumidor estar localizado no Centro-Sul do país.

Hoje, o polo industrial de Manaus destaca-se na produção de produtos eletrônicos (televisores, DVDs, aparelhos de som e computadores), celulares e motocicletas. A maioria das peças desses produtos é importada, pois a área é isenta de impostos de importação. O polo abastece o mercado consumidor brasileiro e está ampliando as exportações nos últimos anos.

A industrialização atraiu pessoas de todo o estado do Amazonas e também dos estados vizinhos. Na atualidade, cerca de 50% da população amazonense mora em Manaus.

Porém, o número de empregos criados não foi suficiente para todos. Assim, a cidade sofreu um crescimento desordenado com grande disseminação de bairros pobres e favelas. Cresceram também as favelas em palafitas localizadas às margens dos rios.

Indústria no polo industrial de Manaus (AM), 2010.

Depois de Manaus, Belém e os municípios que constituem sua região metropolitana apresentam a segunda maior concentração industrial da Amazônia. Destaca-se a **indústria de alimentos e a metalurgia do alumínio**. O porto de Belém destaca-se no escoamento de castanha, madeira, silício metálico e pimenta do reino. O porto de Vila do Conde escoa produtos como madeira, bauxita, alumina e ligas de alumínio.

Edifícios residenciais e comerciais em Belém, capital do Pará.

Projetos geopolíticos

Calha Norte

O governo brasileiro sempre se preocupou com a proteção da Amazônia diante dos interesses estrangeiros. Por isso, foram elaborados vários programas com objetivos militares.

O projeto Calha Norte foi criado na década de 1980 e tem por objetivo melhorar as condições de segurança no extremo norte do país. Essa porção do país é considerada vulnerável do ponto de vista militar, pois apresenta baixíssima densidade demográfica, sendo chamada de "fronteira morta".

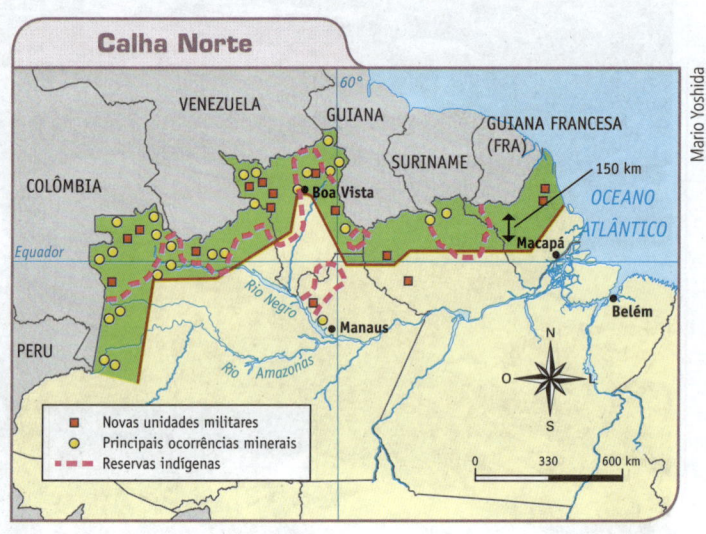

Fonte: Com base em IBGE. *Atlas Geográfico Escolar*. Rio de Janeiro: IBGE, 2009.

O projeto foi implantando numa faixa de aproximadamente 150 km entre a fronteira norte e a área da rodovia perimetral norte (BR-210). O projeto objetiva a melhoria das instalações militares e o estímulo às atividades econômicas na região. O Calha Norte pouco avançou devido à escassez de recursos financeiros.

Sivam

Na década de 1990, o governo federal criou o **Sivam** (Sistema de Vigilância da Amazônia). O Sivam conta com um sofisticado sistema de radares, na época adquirido da multinacional norte-americana Raytheon. O objetivo é o monitoramento do espaço aéreo amazônico para melhorar as condições de segurança militar e o combate a atividades ilegais como o narcotráfico, o contrabando de recursos minerais e a biopirataria. O Sivam também auxilia na conservação ambiental. Na atualidade, o Sivam integra o **Sipam** (Sistema de Proteção da Amazônia).

Forte São José de Macapá, Macapá, 2003.

Amazônia – Sivam

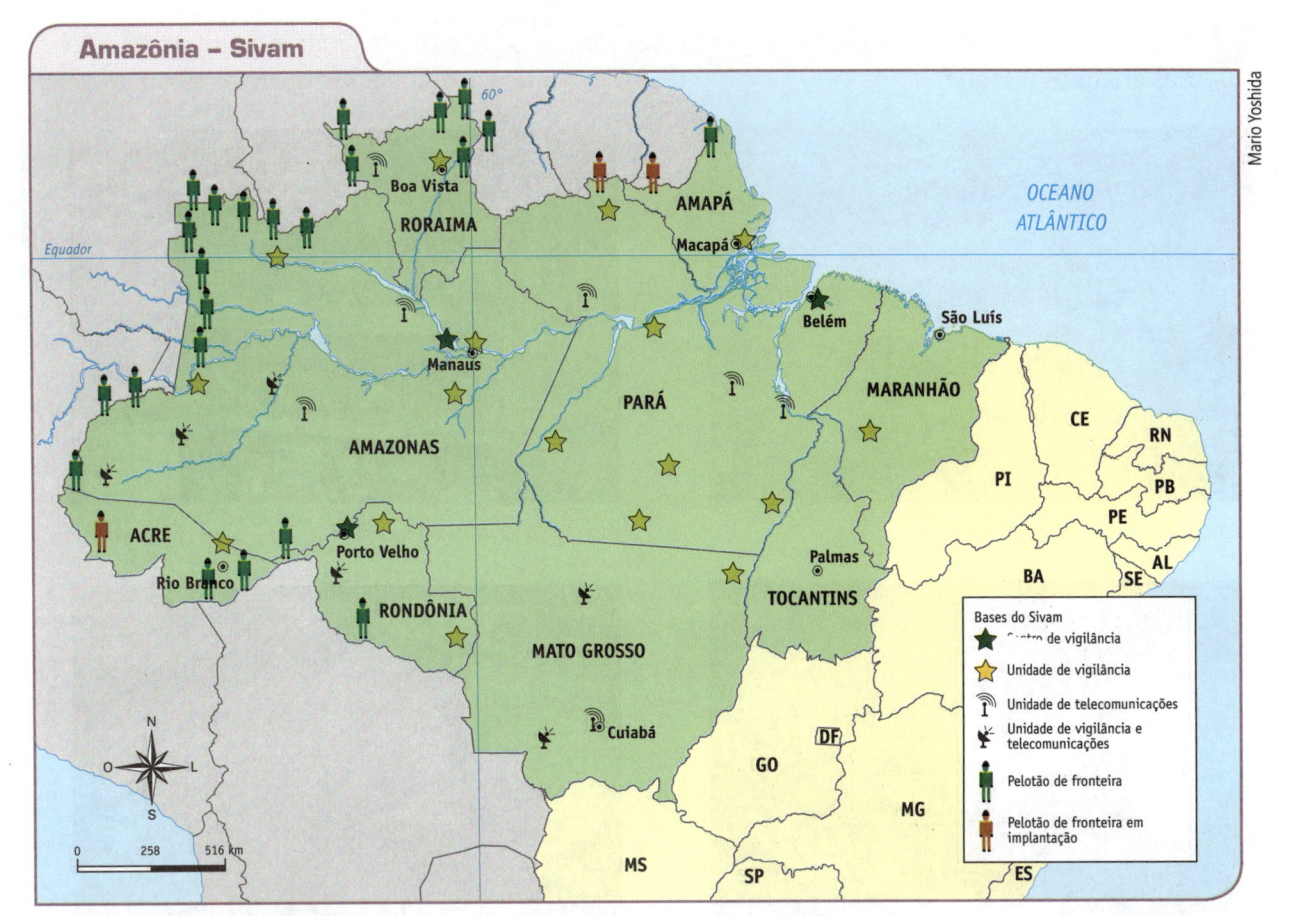

Bases do Sivam
- ★ Centro de vigilância
- ★ Unidade de vigilância
- 📡 Unidade de telecomunicações
- Unidade de vigilância e telecomunicações
- 🧍 Pelotão de fronteira
- 🧍 Pelotão de fronteira em implantação

Fonte: Com base em Ministério da Defesa.

ATIVIDADES

1 Qual a finalidade da expansão rodoviária na Amazônia a partir da década de 1950? Elabore um comentário sobre o estado das rodovias na Amazônia a partir da interpretação da foto a seguir.

_____
_____
_____
_____

141

2. Elabore um texto sobre o desenvolvimento sustentável na Amazônia a partir da interpretação das imagens a seguir.

Extração do látex da seringueira.

Artesanato indígena na Amazônia.

Turismo na Amazônia.

Manejo florestal na Amazônia.

3 Escreva a respeito da distribuição da agropecuária na região Norte a partir da análise do mapa a seguir.

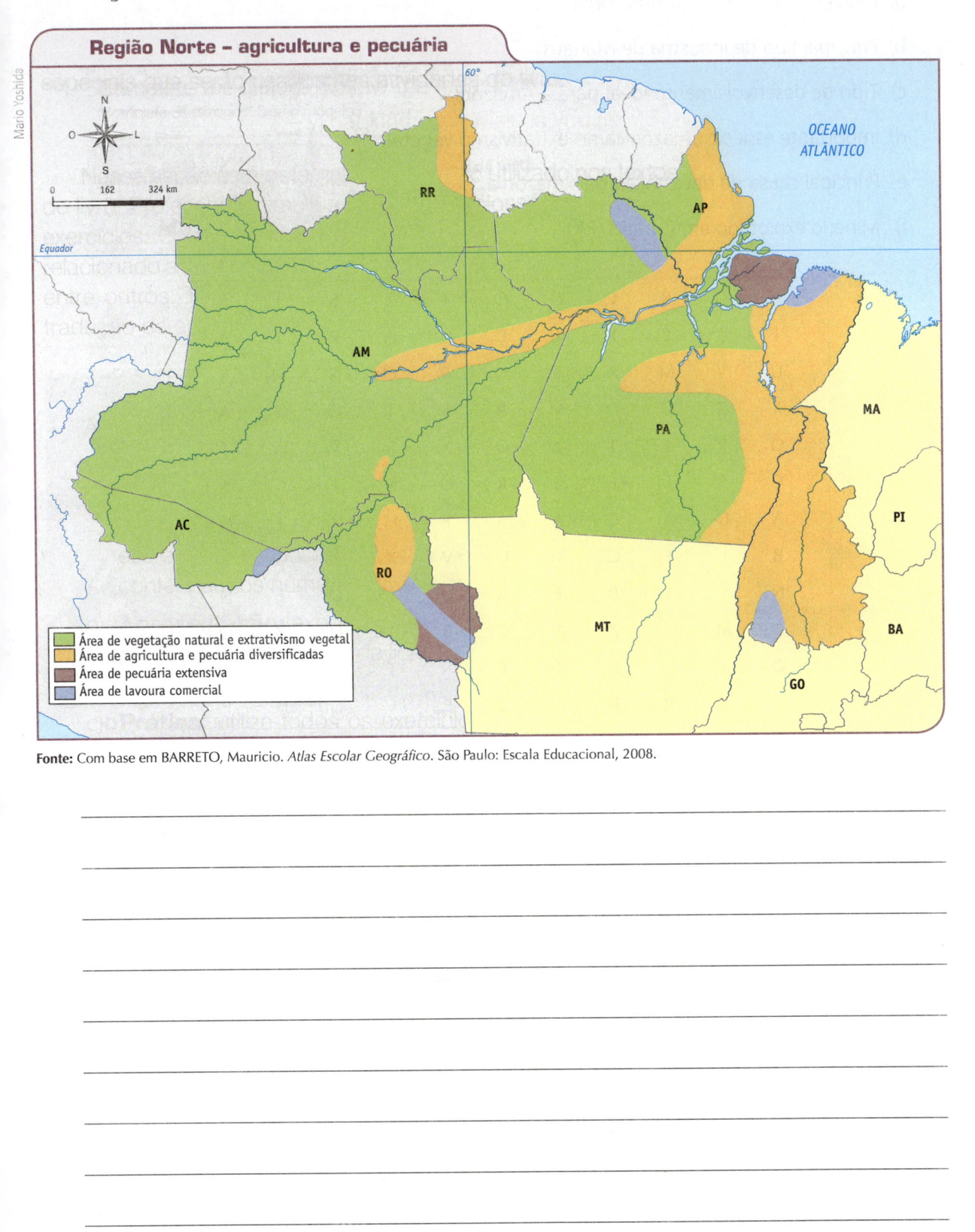

Região Norte – agricultura e pecuária

Legenda:
- Área de vegetação natural e extrativismo vegetal
- Área de agricultura e pecuária diversificadas
- Área de pecuária extensiva
- Área de lavoura comercial

Fonte: Com base em BARRETO, Mauricio. *Atlas Escolar Geográfico*. São Paulo: Escala Educacional, 2008.

_____
_____
_____
_____
_____
_____
_____
_____
_____

143

4 Encontre as respostas no diagrama abaixo.

a) Problema ambiental na Amazônia.

b) Principal tipo de indústria de Manaus.

c) Tipo de desenvolvimento ideal para a Amazônia.

d) Importante espécie amazônica no extrativismo vegetal.

e) Principal causa de devastação da Amazônia.

f) Minério explorado em Carajás (PA).

A	G	R	C	D	Q	T	Z	S	J	L
I	J	L	P	E	C	U	Á	R	I	A
U	V	M	A	S	Q	P	O	N	M	L
X	Z	O	O	M	R	S	T	U	Z	A
O	X	J	T	A	O	X	B	V	W	T
C	E	L	E	T	R	Ô	N	I	C	A
A	D	A	C	A	A	F	H	I	J	M
B	L	E	O	M	U	V	X	Z	O	L
N	J	I	B	E	A	U	I	O	E	N
C	M	F	Z	N	C	B	I	U	X	O
O	S	U	S	T	E	N	T	A	D	O
F	E	R	R	O	D	E	F	G	H	P
O	T	O	U	B	I	O	I	J	I	Q
C	A	S	T	A	N	H	E	I	R	A